I-3『金羊毛騎士団の大紋章集』より（1433–1435年、パリ、アルスナル図書館Ms. Ars. 4790, 66r.）

II-2《イングランド王のフランス王への臣従礼》(『フランス大年代記』1380年頃、フランス国立図書館Ms. fr. 2813, f. 357v)

II-5《フランス王の葬儀》(『フランス大年代記』1380年頃、フランス国立図書館Ms. fr. 2691, f. 1v)

III-2《シャルル5世》(『シャルル5世の宝飾目録』15世紀末、フランス国立図書館Ms. fr. 2705, f. Cr)

IV-1《5月祭》
(『ベリー公のいとも豪華な時禱書』の暦図、1411-1416年、シャンティイ、コンデ美術館)

IV-6《ひとの一生》
(ジャン・ブーテエイエ『田舎大全』1471年、フランス国立図書館Ms. fr. 202, f. 9r)

V-4《キリストの捕縛》(『ベリー公の小時禱書』1380年頃、フランス国立図書館Ms. lat. 18014, f. 76r)

VI-5《運命の女神》
(ボッカッチョ『王侯の没落』
1409–1415年、パリ、
アルスナル図書館
Ms. Ars. 5193, f. 229r)

VII-1《イザボー・ド・バヴィエールの入市》(『フロワッサール年代記』
1470–1472年、ロンドン、大英図書館Ms. Harley 4379, f. 3r)

VII-3《虎と標語を刺繍した衣裳のシャルル6世》
(『シャルル6世の質問とピエール・サルモンの答』1409年、
フランス国立図書館Ms. fr. 23279, f. 19r)

VII-7《アランソン公を裁くシャルル７世》
(ジャン・フーケ画、1458年、ボッカッチョ『名士列伝』、
ミュンヘン、バイエルン州立図書館Cod. Gall. 6, f. 2v)

中世ヨーロッパの色彩世界

徳井淑子

講談社学術文庫

はじめに

『シュレック』と中世ヨーロッパ

コンピュータ・グラフィックスを駆使して制作され、新世紀アニメーションといわれた映画『シュレック』(二〇〇一年)には、ヨーロッパ中世文明が育んだ色のイメージを見事に使った部分がある。もとより、この映画には長靴をはいた猫や白雪姫など、童話からとられたキャラクターが満載されており、さらに甲冑姿の騎士や紋章旗はためくお城のシーンなど、中世のイメージも存分に使われている。主人公シュレックが、火を吹くドラゴンの城に囚われのフィオナ姫を救いに行くというストーリーも中世の騎士道物語を思わせなくもない。

主人公シュレックは、骨を砕いてパンにすると恐れられている人食い鬼である。大きな頭からは耳垢がロウソクにもなるという奇妙な耳が左右に突き出している。そして、その醜さをより強調しているのが緑がかった顔の色である。しかし、シュレックは見掛けによらず心根のたいへん優しいひとで、危険をかえりみずフィオナ姫を救出する。シュレックは美しいフィオナ姫にひかれるが、じつはフィオナ姫には夜になると醜い女に変わってしまうという秘密があり、二人の恋は物語の最後にならないと成就しない。フィオナ姫は終始、緑色のドレスをまとって登場し、醜い女に変身するときには、シュレックと同じように緑がかった肌になってしまう。

醜さを表す緑がかった肌と、美しいフィオナ姫を表す緑のドレス、このように相反する美醜をいずれも緑で示すところが、いかにも中世の色の世界なのである。しかも緑がかった肌の色はやや黄色を帯びて無気味に輝くような緑色、そして美しいドレスの緑はしっとりと深く落ち着いた緑色で、色のニュアンスを分けているところも秀逸である。中世の緑も、春に蘇る自然の美しさを代表する色であると同時に、混乱と破壊を表す「悪魔」の色でもある。そしてフィオナ姫のドレスの緑が二人の恋物語を印象づけるためであったとするなら、これもまた中世のイメージそのままである。五月の色である緑は、青春と恋愛を示すというのが、中世の緑のシンボルだからである。

緑色が恋の気分を感じさせ、悪魔の恐ろしさと醜さを感じさせるというのは、中世ヨーロッパの人びとが共有した色彩感情である。本書は、このような、いわゆる色のイメージを中世ヨーロッパの世界に見ていこうとするものである。つまり、中世の人びとが自然の色にどのような感情を託し、またどのように色を創り、そこに社会はどのような意味を付与したのか、を解き明かすことを試みる。これは、逆に色を通して中世人のこころの世界と社会のありかたを見ていくことでもある。中世の人びとは色にどのように感情移入をしたのだろうか。そして色に託された人びとの思いからは、どのような中世世界が浮かび上がってくるのだろうか。

色を通して歴史を語ることは、じつはフランスの中世学者ミシェル・パストゥロー氏の多くの著作によってすでによく知られている。氏は中世の紋章学者として出発したが、今日では色彩文化史家として、中世の色彩観念を、ヨーロッパの長い歴史のなかで俯瞰する魅力的な著作を発表している。私たちが当たり前と思っている色の使いかたにも、じつは歴史的経緯があることをはじめて氏は知らしめてくれたのであり、私たち日本人にとって当たり前の色のイメージが、意外にもヨーロッパの色の世界にあることをも教えてくれた。そして、それぞれの時代における色の意味をもっともよく教えてくれるのは衣服の色であるから、服飾史家は色についてもっと調査すべきであると、筆者らを早くから鼓舞してくれたのも氏である。

衣服は生活のさまざまな場面で用いられているから、その色は折々の生活感情をもっともよく映す。しかも生活の品々のなかで色が言及され、それが記録に残るのはなんといっても服飾品である。中世の人びとはどんな色をどんな気持ちで身につけていたのか、あるいは社会のなかでどんな色の服がどんなメッセージを発し、あるいはそこに何が読みとられていたのか。本書は基本的には衣服の色に関わる詮索を、ヨーロッパのなかでも特にフランスを中心におこなっていく。

色を発見した一二世紀

中世といっても、本書が対象にするのは一二世紀から一五世紀である。いうまでもなく中世とは、西ローマ帝国が滅亡した五世紀後半からビザンティン帝国が滅ぶ一五世紀半ばまで、じつに一〇世紀にもおよぶ長い時期を指して使われる。しかし、色に関する情報が豊かになるのはようやく一二世紀のことで、この時代に色への関心は一挙にふくらみ、中世末期の色彩文化へと道筋をつくった。

周知のように、一二世紀はロマネスク様式からゴシック様式へと展開をとげた聖堂を色鮮やかなステンドグラスが飾ったときである。東方からの学問の流入と古代の学問への関心から、色彩についての知識も拡大し、俗語の物語文学が続々と登場し、色が語られるようにもなった時代である。そしてフランドル地方の毛織物産業の隆盛により、美しい染織品が日常生活を飾るようにもなった。物語文学や造形芸術の創作によって色の世界が現出するには、革新的なこの一二世紀を待たねばならないのである。

そして、色の意味を知るには、文学や図像の表現が欠かせないという点でも、この時代の多彩な文化をみる必要がある。衣服の色を詮索するためには、衣生活の実態を古文書から調査しなければならないが、それらの色にどのような意味を人びとが与えていたのかを伝える恰好の資料に文芸の表現がある。中世の文学作品は、書かれた時代の風俗をきわめて写実的に描いており、それをまとう人物の設定が物語の文脈のなかではっきりしているから、服飾の意味を読むことが可能なのである。本書は物語文学や写本挿絵などに描かれた衣服の色を通して、中世人の意識にある色のイメージをあきらかにすることを基本的な作業とする。

中世人が色に抱いたイメージの拠り所として、本書があらゆるところで引用しているのは、一五世紀にフランス語で書かれた『色彩の紋章』という著作である。この著作は、シシルという名で、ヨーロッパの各国で紋章官を務めた人物によって著された、中世ヨーロッパの色の意味論の集大成ともいうべき書物である。中世の色の意味を知るにはまことに便利な書であるが、とはいえ、色の意味がいかにして生成されたのかを知るところが本書にとっては重要であるから、著作を深追いすることはしない。色のイメージが形成される経緯にこそ、人びとの生活感情がとらえられるのである。

本書は色相ごとに章を分け、それぞれの章でテーマとなっている色の意味論をとりあえず完結させているから、どの章から読まれてもかまわない。ただし、序章では中世がいかに色彩豊かな時代であったのかを総説として述べながら、同時に文学や美術やその他の記録などから、いかにして色の意味を知りうるのか、本書が扱う資料のことなどを序論として述べてある。そして第I章では、どんな色調を何色と呼ぶかという、色の歴史を考える際のもうひとつの基本的な問題を述べている。歴史のなかの色を論じることがやっかいなのは、そもそも色の命名の問題にある。ある色名で呼ばれている色は、はたして私たちが想像しているような色なのだろうか。現代ではどこの国のひとも水を青いと言うけれど、中世ヨーロッパのひとは水を白いと言う。私たちには太陽は赤いが、ヨーロッパの人びとには太陽は黄色い。どのような色を何色と呼ぶかということが、それこそ色の文化である。そんな複雑さが歴史のなかには多々あり、しかも歴史のなかの色のニュアンスを私たちはもはや知ることはできない。文字の記録によって色の意味を解いていく本書は、多かれ少なかれ、つねにこのような留保の上にあることを知ってほしい。

目次

中世ヨーロッパの色彩世界

中世ヨーロッパの色彩世界

序章　色彩文明の中世

黄色と縞柄のパジャマ・ルック

中世の色の世界は、『シュレック』のようなファンタジーの世界でのみ生きているわけではない。ヨーロッパ文明の基層としてそこかしこに残っている。グローバリゼーションによって文化の均質化が進み、私たち日本人の感性もすっかり欧米化したとはいえ、なにかの折に彼我の感性の相違となって中世ヨーロッパの色のイメージが浮き彫りになることがある。

たとえば一九九五年、パリで活躍する日本人の有名デザイナーが、黄色と黒の縦縞(たてじま)のパジャマ・ルックを発表したとき、欧州ユダヤ人会議の批判を受け、撤回せざるをえなかったのは(1)、この色と柄に対する中世以来の負の歴史があったためである。直接の理由は、パジャマ・ルックが第二次世界大戦中のナチスの強制収容所の囚人服に酷似しており、大戦中の記憶を呼び起こす不快なデザインであったということだが、ヨーロッパの黄色と縞柄には、私たち日本の文化にはない嫌悪感がまとわりついている。

まず黄色は、日本でも中国でも、東洋では高貴な色とされてきたが、ヨーロッパでは忌み嫌われた色としての長い歴史をもっている。中国では伝説上の帝王を黄帝、天子の衣服を黄袍、尊い河を黄河と呼び、その影響を受けて日本では天皇は麴塵(きくじん)色という渋い黄色を、皇太子は黄丹色の衣裳を着る伝統をもつ。ところがヨーロッパでは、第V章で詳述するように、中世から近代にいたるまで黄色は犯罪者の烙印を押す色、ひとを蔑視する色であり、そのようななかにユダヤ人を区別する黄色もあった。

そして縞柄にも同様の忌まわしい歴史があり、その最たる名残が縞の囚人服である（第VI章）。もちろん、縞柄も長い歴史のなかで悪い意味ばかりをもたされたわけではなく、一八世紀末のフランス革命期には、独立したばかりのアメリカ文化の影響を受け、自由と解放のシンボルともなっている。とはいえ、茶色や鼠色の「いき」な江戸町人風の縞の着物という日本の美意識とはあきらかに違った意識をヨーロッパの縞はもっている。日本の縞も本来、木綿縞として出発しているところからカジュアルなイメージが強くあるけれど、売春婦や大道芸人など、蔑視されたひとのしるしとして機能したヨーロッパのような縞のイメージはない。

黄色と縞柄を使ったパジャマ・ルックは、大戦中にとどまらない、中世以来の差別の歴史を語るデザインなのである。

本書がわざわざ古い中世の色を探ろうとしているのは、このようなヨーロッパ文明の基層にある色のイメージを知るためでもある。色のイメージ生成には長い歴史があり、すがたを変えながら色の意味は後世に受け継がれていく。ルーレットやバカラのテーブルがなぜ緑のフェルトで覆われているのかといえば、それは本書の冒頭で『シュレック』に触れて述べた緑の負のイメージの延長線上にあるからである。一六世紀に定着したこの習慣には、緑が変動の色であり、栄枯盛衰を示すという中世の色のイメージがあった。つまり、自然の草木が秋になって変色することが、緑色を移ろいやすさのシンボルとしたのであり、賭けごとのテーブルにはこの色がふさわしかった。[2]中世の色の意味世界を知ることは、今日のヨーロッパ文明を知ることにつながる。そのような視点から中世の色を探索してみよう。

カラフルな中世とモノクロの近代

今日の歴史学において中世とは、一般に西ローマ帝国が滅亡した四七六年からビザンティン帝国が滅ぶ一四五三年まで、一〇世紀におよぶ長い時期を指して使われる。なぜこのように長い時代をひとくくりに中世と呼ぶのかといえば、ルネサンスの人文主義者によって、この時期が彼らの時代と古代ギリシア・ローマ文明との間にはさまった中間の時代、というほどの意味で名づけられ、一七世紀の啓蒙時代のひとに受け継がれた呼称だからである。つまり、この命名には中世を無知蒙昧な時代とみなす、この時代に対する不当な評価がふくまれている。

中世を無意味な時代とする歴史観は、二〇世紀になっても容易に消えることはなく、たとえば「暗黒時代の中世」といった言いかたは、筆者が学校で世界史を学んだ頃の教科書にもあったように記憶する。しかし、すでに一九二七年にアメリカの歴史学者チャールズ・ホーマー・ハスキンズが『十二世紀ルネサンス』と題した書物を著し、中世は教会を中心とした変化に乏しい時代ではなく、経済上の変化もあったし、アラビアの学問や古代の学問による知識の拡大もあったとして、それを特に一二世紀のラテン語の著作によって解いていた。一二世紀が革新的な時代であったという認識は、オランダの文化史家ヨーハン・ホイジンガ(一八七二―一九四五年)によって補強されたし、ロマネスク様式の建築や美術、この世紀になって続々と登場する俗語の物語文学など、文芸の領域では早くから知られていることであった。

ところで、じつは一九世紀に、古代の地中海文明に範を求めるのではなく、大陸に開花した中世文明にこそ自らの文化のルーツがあると、これに憧憬の念を抱いた活動があった。フランスでは一八三〇年代に開花したロマン主義の芸術活動である。しかもその憧れは、中世こそがカラフルな色彩に満ちた時代であるという認識にもとづくものだった。

ロマン主義の中世への回帰については文学や美術の領域で多くのことが言われている。しかし、意外にも語られていないのが、ファッションの領域についてである。小説でも絵画でも、あるいは芝居でも中世を再現するには中世人らしい服装を描き示さねばならない。したがって、ファッションという事象はロマン主義の中世趣味において要に位置すると筆者はみているが、実際ロマン主義者は中世のファッションに大いに関心を寄せ、その理由を中世服飾のカラフルな色彩性においていた。本書がいずれ詳述するが、中世を代表する左右色違いの服や、紋章付きの服などがロマン主義にかぶれた若者たちの関心を引いた。彼らは中世の衣裳を模倣し、カーニヴァルの仮装服としてばかりか日常生活のなかでもそれを試みた。

では、なぜ彼らは中世のカラフルな服装にひかれたのか。それは黒い燕尾服(えんびふく)やフロック・

コート、黒いズボンに白いシャツという当時のモノクロの男性のスタイルへの抵抗があったからである。そしてなぜ一九世紀の若者が時代の服装に抵抗せねばならなかったのかといえば、金銭に価値を置く産業社会の到来と、そのような社会を担うブルジョア階級の台頭に嫌悪を抱いたためだった。つまり、黒い燕尾服や白いシャツで構成されるモノクロの服装を、唾棄すべきブルジョアの俗悪の象徴とみたからで、ブルジョア社会の価値観のアンチテーゼとして選ばれたのが、中世のカラフルな服装であったというわけである。(3)

黒服とプロテスタント

中世風の恰好を好んだ近代社会の若者たちについて、これ以上ここでは語ることはしないが、中世という時代をクローズアップするために、もう少し歴史の流れを語りたい。というのは、モノクロの服装は産業社会到来の一九世紀にはじまったわけではなく、少なくとも一六世紀までさかのぼることができるからである。中世を過ぎると今日に至るまで、モノクロの服装が主流を占める時代がつづいてきた。

一六世紀の肖像画で、全身をすっかり黒装束で包み、首に巻いた大きな白い襞襟（ひだえり）の上に、まるで生首がお盆にのっているかのように顔を浮き立たせている絵を見たことはないだろうか。あるいは、一七世紀オランダの画家レンブラントの描く人びとが、そろって黒い服を着ているのに気がついたことはないだろうか。

一六世紀以後、市民社会に根づいたこのような黒服は、じつはプロテスタントの禁欲的な思想に支えられて定着した慣習である。ルターやカルヴァンなど新教の活動家の思想における聖像破壊論（イコノクラスム）[4]はよく知られているが、あまり知られていないものに色彩破壊論（クロモクラスム）と呼ぶべき色彩倫理がある。明るい色や暖色系の色を不道徳として退け、黒や灰色などを衣服の色として勧めるという色の倫理観である。明るい色や暖色系の色を不道徳とみなすのは彼らの判断だが、これらの色を服装から排除することには原罪に関する意識が根底にある。聖書によれば、ひとが服を着るようになったのは、アダムとイヴが神の掟に背き、禁断の木の実を食べて自らが裸であると知ってしまったときからである。つまり、衣服は原罪を思い起こさせるものであり、したがって派手な色は控えるべしというのがプロテスタントの教えである。このような思想に支えられて黒い服が市民社会に根づいた結果、男性のスーツは今日に至るまで、黒や茶や紺など暗い色調にとどまることになった。このことは女性の服装でも同様で、パーティー・ドレスは別にして、紺やベージュの地味な色を、ヨーロッパの女性が私たち日本人よりもはるかに多く着るのは、このような伝統のなかにあるからである。

もちろん一六世紀以後、明るく鮮やかな色のすべてが消えたわけではない。しかし、この世紀を境にして色の価値観は大きく変わり、黒が主流を占める時代へと移った。黒への志向は一四世紀末から少しずつ現れ、一五世紀から一六世紀にかけて宮廷人の衣服の色として定着していった（第Ⅷ章）。そこには後のプロテスタントの倫理観が黒い市民服を支えたのとはまた別の理由があったが、いずれにしろ、黒服はヨーロッパ近代社会を特徴づける現象となる。そのようなモノクロの近代と対照的なのが、鮮やかな色彩を好んだ中世という時代であり、ゆえに中世のファッションにロマン主義者は憧れたのである。もちろん、染色技術も充分ではなく、美しく染めるには自然から得られる染料の質に頼らざるをえない時代にあっては、カラフルな色を身につけ、生活を彩ることができたのは、上層階級のわずかな人たちに限られている。しかし、そのように貴重な色であればこそ、人びとの色への思いは深いといえる。

ちなみに、今日、ヨーロッパの人びとは男女を問わずベージュのスーツをよく着る。それは、上述のような色彩倫理の系譜にあるためであるが、同時に彼らの髪の色に多い栗毛色に合わせた色彩の選択でもあるようにみえる。私たち日本人は、そんなベージュのスーツを着た西洋人に洗練されたものを感じることが多い。しかし、「ベージュ（beige）」ということばが生まれた中世においては、これは染めを省いて、羊の毛の色をそのまま使った粗悪で安物の織物を指すことばであった。つまり、中世のベージュは洗練された色どころか、汚い色の代表であった。中世の人びとはベージュのような曖昧な色を好まなかったということでもあり、色の価値はかように歴史のなかでいくらでも変化するということでもある。

色の意味は時の流れとともに変化する。しかし、意味のすべてが時間の経過のなかで跡形もなく消えてしまうわけではない。文明の底に残る意味と変化する意味、その両者を見つめていこう。

色をめぐる論争

すでに述べたように、本書は一二世紀以降の中世を対象とする。それはこの時代にならないと色の意味を教えてくれる資料がないという現実的な理由のためでもある。中世初期のドイツ文化圏に詳しい山田欣吾氏も、一二世紀になればいくらでも色彩叙述の史料に出会うのにひきかえ、一〇、一一世紀には編年誌でも年代記でも聖者伝でも色を記述しようとする関心がいっさい欠けていると述べている。(5) おそらく色に関心がもたれていない時代がつづいていたのであろう。

そのような状況が一転して色彩豊かな世界に変貌するのが、一二世紀後半から一三世紀前半である。それを代表するのは、キリスト教の大聖堂の窓にはめこまれた色鮮やかなステンドグラスである。ロマネスク様式にかわって、北フランスの都市文化を背景にゴシック様式の大聖堂が建造されはじめ、窓にはめこまれた絵ガラスが太陽光を浴びて聖堂内に色の世界を現出させるのは一二世紀末のことである。しかし、色鮮やかなステンドグラスが教会を飾るようになるには、色についての賛否両論の論争を経なければならなかった。一二世紀半ば頃のシトー修道会の聖ベルナルドゥス（一〇九〇―一一五三年）の否定論と、サン・ドゥニ修道院長スゲリウス（一〇八〇／八一―一一五一年）の肯定論の対立はよく知られている。(6)

聖ベルナルドゥスにとって、色彩とは贅沢や虚栄と同等に語られるべきことで、この点で彼の意見は多くの神学者や聖職者と共有されるものであった。彼の否定論は、色を光ではなく、ものを覆う物質としてとらえるというものであった。つまり、色は輝くものでも明るいものでもなく、暗く鈍く、ものを覆い、ゆえに混乱や暗闇の観念と結びつくもので、要するに悪魔的なものであると考えられた。一方、スゲリウスは、色を物質であると同時に光としてとらえ、ゆえに明るく輝く光は神を崇敬する手段として必要だと考えた。それは絵であろうと布であろうと、窓ガラスであろうと、神を讃えるためには美しい色で飾らねばならず、宝石も金銀も七宝も色のあるものすべてを肯定するものだった。

ゆえに一方はステンドグラスをふくめて装飾のいっさいを拒否し、しかし厳しい簡素の美を神髄とする聖堂をつくりあげ、もう一方はステンドグラスの輝く華麗な聖堂をつくりあげた。

中世文学のなかの色

聖堂を中心としたキリスト教の宗教美術が開花するとともに、一方で世俗の文学作品が続々と登場し、豊かな文学世界が構築されるのも同じ頃である。そして作品のなかでは、自然の草木に言及しながら色が語られ、人物についてはポートレートや服装の描写に色のことばが並ぶようになり、あるいは色を使った比喩的な表現が現れる。

文学ジャンルはもちろんさまざまである。八世紀から九世紀のカロリング王朝の史実を題材にしながら、一二世紀の騎士社会の主従関係を如実に描いた武勲詩、古代ローマ文学の翻案でありながら、一二世紀のヨーロッパにもたらされた絹織物や象牙など、珍しい異国の品々を詳細に描写している古代物語、そして中世文学を代表するケルト伝説にもとづいたアーサー王と円卓の騎士団の冒険物語。あるいは今日までよく知られたトリスタンとイズー(イゾルデ)の恋物語や、女流作家マリー・ド・フランスがブルターニュやウェールズのケルト人の伝承をもとに書いた短詩など、作品の数はおびただしい。

作品による多少の差はあるものの、いずれにおいても人物登場に際しては制作された時代を反映した服飾描写がある。そしてそこには素材の説明があり、素材の説明には自ずと色の説明がつく。したがって、作品はまず時代の服装の色の事実を垣間見せてくれるという点で貴重な資料であるが、それればかりではない。作品は、人物の性格とのからみによって衣服の色の意味を教えてくれるからである。たとえば、第V章で紹介するように、一三世紀のアーサー王物語のひとつに、「黄色の絹の婦人」という異名をもつ女が登場する作品がある。女はおひとよしの騎士をさんざん弄ぶ。そのような彼女の性格を黄色は表しているようにみえる。あるいは、異国からやって来て挑戦状を叩きつけ、宮廷を混乱に陥れる『サー・ガーウエインと緑の騎士』の物語からは、すでに触れた緑の負のイメージが理解できる。

フランスのアーサー王物語作家を代表するクレティアン・ド・トロワの『ペルスヴァル』物語には、雪の上に散った血痕を見た主人公が、愛しい恋人の色白の肌と紅い頬を思い起こすという有名なエピソードがある。騎士ペルスヴァル(パルシヴァル)は、冒険の旅の途路、隼(はやぶさ)に襲われた一羽の雁が真っ白な雪野に真っ赤な血を三滴落とす光景に出会う。それを見た彼の脳裏には別れてきた恋人の美しい顔が浮かび、彼は騎馬のままじっと槍にからだをもたせかけ、太陽の日差しで雪とともに血痕が消えるまで甘美な夢想にふけったという挿話である。[7]色を表す語彙は豊かとはいいがたいが、あきらかに鮮やかな色を人びとは好み、そこに多かれ少なかれ意味を込めていることはたしかである。色の実態はステンドグラスなど今日に残された遺物からわかるけれども、しかし色のイメージは文学の記述からことばを介して知る方がはるかにわかりやすい。

パープルとスカーレット

ところで、人物描写にともなう服装の描写が色名によっておこなわれるというのは、当時の織物生産の実態を反映している。中世の人びとが享受した布地はその多くが毛織物である。これらの生地にはせいぜい縞柄ぐらいしか模様はなく、織物は色で区別されることが多かった。布地は赤い布とか青い布とか呼ばれ、織物は色名によって区別されることが多かったのである。

赤紫色を指す英語の「パープル（purple）」、緋色を指す「スカーレット（scarlet）」は、今日では色名として使われているけれど、本来は織物の名称である。パープルは俗に貝紫と呼ばれ、地中海で捕れる一種の貝の分泌液で染めた絹織物、スカーレットはケルメス染料といって、カシの木に寄生する虫から得られる染料で染めた毛織物、どちらも鮮やかさと褪色しにくい堅牢度の高さを誇った優れた染織品であった。染色の質を染料の質に頼らざるをえない時代であるから、美しい色は限られ、ゆえにパープルの赤紫やスカーレットの緋色は高価で高貴な色として権力者の色となった。

パープル染めはビザンティン帝国下の工房で生産される高級舶来品であり、ヨーロッパの人びとの垂涎の的であった。聖地エルサレムのイスラム教徒からの解放をかかげてたびたび派遣された十字軍の目的は、ひとつにこの美しい染織品を独占することにあったともいわれる。そのような憧憬が文学作品中に描かれるのも一二世紀文学の服飾描写においてである。そして一二世紀末以後、パープル染めに代わって赤色の権威を担ったのが、フランドル地方で生産されるスカーレットである。フランドル地方の毛織物産業が栄え、多彩な染織品をヨーロッパの人びとが享受できるようになるのも、一二世紀である。

彩色本から印刷本へ

織物やステンドグラスにくらべるとあまり語られることがないけれど、中世人の色への思いは中世の書物、すなわち写本の世界にも現れている。一五世紀末に活字印刷が普及しはじめる以前の中世では、書物といえば、読み書きのできる筆写生が羊皮紙の上にテクストの文字を写し、そこに画家が挿絵を添えてつくった写本であった。写本がいかにして作られたかを知るには、映画化によってよく知られているウンベルト・エーコの小説『薔薇の名前』（一九八〇年）が役に立つ。「中世について書いているのではなく、中世のなかで書いている」とエーコはたびたび発言しているといわれるが、この小説には中世人の些細な生活品や生活感情から、舞台になっている一三二七年の政治や宗教、思想まで漏らさず紹介されている(8)。しかも物語は北イタリアのベネディクト修道院の写本室奥深く所蔵されている禁断の書物をめぐって引き起こされる連続殺人事件であり、写本と写本室は物語の要にある。中世の写本室を感じとるのにこれ以上の描写はないだろう。修道僧の黒い服装と石造りの頑丈な建造物の色のない世界とは対照的に、そこに収められ、彼らが閲覧し、あるいは制作する書物は、色の世界である。

小説の語り手の若い見習い修道士アドソは「金色のインクやその他さまざまな色彩のインクを使って」制作する僧のいる写本室の様子を感嘆をもって語っている。事件の最初の犠牲者は挿絵画家のアデルモであり、彼の机には「豪華な細密画を施した詩篇」が残されている。やがて事件の鍵が写本室にあることを知ったアドソは、師のウィリアムとともに、所蔵庫の奥深くに入り、「黄色、朱色、濃紺、焦茶色」の極彩色で描かれた『黙示録』の異形の獣の挿絵に幻惑され、気を失ってしまう。アイルランドの修道士が書いたおそらく渦巻き模様の描かれた写本、一角獣やさまざまな怪物、絡み合う蔦の間から蛇や猿が顔を覗かせている挿絵など、ロマネスク様式の教会建築に残っているような奇妙なかたちの生き物や飾りを、いっそう不可思議なものにしているのはその色彩である。

中世の本は基本的に彩色本である。中世のフランス語では写本をアンリュミニュール(enluminure)と呼ぶことがあるが、このことばは光り輝くという意味のラテン語illuminareに由来している。これらのことばは英語のイルミネーションと同族であり、したがって光のように明るく輝いていることが中世人の書物に対するイメージなのである。添えられた挿絵は「細密画(ミニアチュール)(miniature)」と呼ばれることがあり、これはミニチュアという意味の minimum に由来すると誤解されてきたけれど、本来は文字を赤く書く鉛丹（minium）ということばに由来している。書物とは色に満ちあふれた絵本であるというのが中世の常識である。そして色は光なりとしたスゲリウスの思想が示すように、書物は光り輝く世界なのである。このような彩色写本が登場するのは、文学作品がつぎつぎと書かれる一二世紀後半である。本書が引用する図像の多くは、このような写本の挿絵である。

ところで、高度な印刷術によってカラフルな書物が当たり前の現代では、私たちは彩色本にさして驚かないかもしれない。しかし、考えてみればカラー写真つきの本がこのように出回るようになったのもそう古い話ではない。美術全集にカラー写真の絵が並ぶようになったのは、せいぜい一九六〇年代も末のことではなかったか。いまでも書物といえば、白い紙に黒い活字で印刷されたモノクロの世界をイメージするひとが多いはずで、絵本や写真集も書物には違いないが、やや別と感じるはずである。つまり白い紙に黒いインクのモノクロの世界は印刷本の特徴であり、一五世紀に活字印刷がはじまったときに本から色がなくなったのである。このことは色がついているか、いないかの単純な問題のようにみえるけれど、印刷本は色彩の体系から白と黒を無彩色として分ける概念形成の土壌になったともいわれている(9)。

色がついているかどうかという問題を設定すること自体が、今日の色彩体系にもとづいた発想といえるかもしれない。次章で述べるように、中世の人びとには白や黒を無彩色とみる意識はない。そして、すでに述べたプロテスタントの色彩破壊論はモノクロの印刷本の普及と無関係ではなさそうである。もとよりプロテスタントの思想の流布には印刷によるパンフレットが大きく貢献している。印刷本のモノクロの世界は彼らの色彩倫理に少なからぬ影響を与え、そのなかで黒服の伝統も生み出されたようにもみえる。近代社会に生きる人びとの服装を律したモノクロの世界は、書物の文化にも共有されていたということである。

言語機能をもつ色

一二、一三世紀の物語文学のなかで言及される色彩は、それとなく意味を暗示するものである。つまり私たちは登場人物の性格から、その人物描写に使われる色の意味を推察する。ところが一四世紀になると、物語や詩のなかで色の意味が作者によって説明されるものが登場する。色は言語のように機能し、明確なメッセージを伝えることになるのである。

たとえば、一四世紀のフランス王室で宮廷詩人として名を馳せていたギヨーム・ド・マショーは、自らの恋を語った作品『真実の書』のなかで、愛する女性の衣の色を解釈しながら一喜一憂している。文通によって心を通わせた二人に待望の会見の機会が訪れたとき、青地に緑のオウムをちらしたドレスを着て現れた彼女の姿に、作者ギヨームは、「私は嬉しくなった。というのも、青は誠実を、緑は恋を表すから。つまり彼女の服装は私を誠実に愛すると読めるのだ」と述べている。やがて彼女の心変わりを疑ったとき、夢のなかで見た全身が緑色の彼女の姿に、緑は新奇の色であると解いている。[10] 同じ頃の彼の作品『愛の治療』には、愛する人の紋章を語りながら、「青は裏切りを憎む誠実を意味し、赤は誠実で純粋な愛から生まれる情熱を、黒は苦痛のなかにあることを、白は歓び、緑は新奇、そして黄色は偽りを示す」と色の意味が披露されている。

このようにして、作品のなかにはさまれた色の意味は、つぎの世紀になると一冊の書物としてまとまることになる。作者の説明のことばからとって今日では『色彩の紋章（Blason des couleurs）』と名づけられ（中世の著作には本のタイトルというものがない）、色の意味をあれこれと綴った著作である。[11]

『色彩の紋章』は一五世紀前半にフランス語で書かれた後、世紀末かつぎの世紀のはじめに増補され、印刷本となった。刊行後、少なくとも一四版を重ね、イタリア語の翻訳も七版を重ねたほど流布した作品である。全体は二部で構成され、第一部は金・銀・赤・青・黒・緑・パープルについて、聖書を中心に、セヴィーリャのイシドルス、聖ヒエロニムス、トマス・アクィナスなどの教会人の著作、あるいは古代ローマのプリニウスの著作や、ギリシアのガレノスやイスラムのアヴィケンナの医学書など、さまざまな引用をつなぎあわせた伝統的でかたい解説である。一方で世紀末以降に追加された第二部は仕着せや標語をつくる際に役に立つようにと、より多くの色について自らのことばで語った、親しみやすい解説となっている。

作者はアラゴンやシチリアを治めたアルフォンソ五世の紋章官シシルであると、第一部の冒頭で自ら語っているが、第二部の作者は、これを認めるも自身については語らず、第二部の作者は不明である。第二部の方が時代の感性をより反映し、はるかに洗練されているという評価は研究者の一致するところであるが、とはいえ、第二部も引用元をあきらかにしていないだけで、じつはかなりの引用から成り立っている。

シシルはエノー領（今日のベルギー南部）の役人であり、この地域の中心地モンスで人生のほとんどを過ごしたことが知られているが、これまでの研究でアンギャン領を治めるピエール・ド・リュクサンブールの紋章官として働き、本名がジャン・クルトワという人物であることがわかっている。ピエール・ド・リュクサンブールはブルゴーニュ公ともっとも近しい関係にあったひとで、このような人脈を通してシシルはアルフォンソ五世の紋章官という地位を得たらしい。シシルは一四三七年頃に亡くなったらしいから、少なくとも『色彩の紋章』第一部の執筆はこれ以前ということになる。フランス国立図書館所蔵の写本には、おそらくシシル自らが描いたと思われる全身像の肖像画があり（図序－1）、ここには彼が務めた三つの役が示されている。赤と黄の帯と二羽の黒い鷲はアラゴン王の紋章、左手にもつ銀

序-1《紋章官シシルの肖像》（15世紀、フランス国立図書館Ms. fr. 387, f. 4）

と黒が交互にくりかえされている紋章はアンギャン領の紋章、そして右手の巻き物はエノーの役人としての公式の持ちものである。

さて、『色彩の紋章』第二部は、色の意味は男か女か子どもかなど、誰がつけるかによって異なり、また組み合わされる色によっても多様に変化することを数章にわけて述べている。色名もじつに豊かで、赤・青・黄・黒などのほか、すみれ色や黄褐色や濃青色、あるいはすみれ色がかった灰色とか白っぽい灰色とか微妙な色のニュアンスを区別し、一二、一三世紀の文学作品にくらべれば格段に語彙が豊かになっていることがわかる。現代の私たちでも、おそらく色彩の専門家でなければ、これほど多くの色名を持ち合わせてはいないだろう。しかもそれらの意味を飽きもせず延々と語る様子には、これだけの意味を作者はいったいどのようにして生み出したのか不思議に思えるほどである。ただし、それらの意味のあいだに論理性を見つけることはほとんど不可能に思われる。およそどのような色にも良い意味と悪い意味があるところが、色の意味論を複雑にしている。ギヨーム・ド・マショーの作品のエピソードが示しているように、喜ばしい恋の緑が辛い心変わりの緑になったりするのである。

とはいえ、中世人に共有された色のイメージをこの書物からとらえることは可能である。文学作品に記載される色を、この著作を用いることでうまく解釈できる例は少なくない。したがって、『色彩の紋章』を紹介しさえすれば中世の色の意味はすぐにわかるのだが、本書ではいかにしてそのような意味が与えられたのかを探ることに意味を見出している。くりかえしになるが、そこに中世人のこころの世界がみえるからである。

武芸試合の多彩な色

『色彩の紋章』は、中世が色彩文明を誇ったことをもっともシンボリックに示す著作である。色彩の意味を解く、そのような著作が「紋章」と名付けられていることは、紋章が中世を代表する文化であることを示している。ところで、紋章は、鎧兜で身を包んだ騎士が自らが何ものであるかを明示するために、身につける必要を迫られたものである。ゆえに、めだたねばならない紋章は、対照的な色彩の組み合わせによって成り立っている（図序－2）。そのような紋章が一堂に会し、カラフルな色の祭典がくりひろげられるのは、婚礼などの機会や、やがてはそれ自体を目的として一年にもおよぶ長期にわたっておこなわれた武芸試合の場である。

序-2《騎馬試合の騎士》（『聖杯物語』1445–1465年、ディジョン市立図書館Ms. 527, f. 40v）

序-3 アンジュー公ルネ『騎馬試合の書』（1460年代、フランス国立図書館Ms. fr. 2695, f. 100v-101r）

フランス王室の本家より、いっそう華やかな文化を誇ったブルゴーニュ公の宮廷とアンジュー公の宮廷では特に盛大な試合が催された[12]。騎乗し、剣や斧、あるいは槍で突き合う武芸試合は、そもそも貴族の男たちが武芸の訓練をする場であったが、同時に最大のレクリエーションでもあった。大掛かりな武芸試合はヨーロッパ各国からつわものの騎士を集め、男たちは試合を求めて各国を渡り歩いた。ブルゴーニュ公の宮廷には、近隣のヨーロッパからはもちろん、イングランドやスコットランド、カスティーリャ、ポルトガルやアラゴン王国などから騎士が集まり、ブルゴーニュの騎士は逆にスコットランドなどに遠征している。甲冑に身を固めた騎士たちは、自らの紋章を旗や馬衣に表し、あるいは供の従者に紋章衣を着せ、武芸試合の場はそれこそ紋章の見本市のごとき景観である。その印象を感じとるには、武芸試合の執り行いかたを述べたアンジュー公ルネ（一四〇九―一四八〇年）の著作『騎馬試合の書』に付された挿絵を見てみればよい（図序－3）。参加の騎士が一堂に集まった光景は、紋章旗と紋章衣の多彩な色彩であふれかえっている。紋章官シシルはこうした紋章を管理し、おそらく武芸試合の折に伝令役としての仕事をこなしたように思われる。

紋章は甲冑に身を包んだ騎士が自らを示すための表示であるけれど、それだけに留まらない表現がここにはある。カラフルな紋章旗や紋章を表した盾や衣服は、祝祭の気分を大いに盛り上げたはずである。色が祝祭の場に欠かせないことはいつの時代にも同じだが、今日の私たちの生活のように日常的に色が氾濫している時代ではない。色は日常を超えた特別の世界をつくる。そのような色に中世の人びとはどんな意味を与えたのか、色相ごとに述べる前に、次章では紋章の色を出発点として中世人の色認識のアウトラインをみることにしよう。

第Ⅰ章　中世の色彩体系

白・黒・赤の三色による色彩体系

『色彩の紋章』は色の意味を書き並べているだけではない。第二部の冒頭には「色彩の基礎と種類について」と題した一節があり、ここに素朴ながらも色彩体系の構築が試みられている。その証言を出発点として、以下では基本的な色のイメージをあきらかにしておこう。中世の人びとにとって中心となる色は何色であったのか。そしてその色にどんな意味を込めていたのか。さらにそれらに対立する色は何色であったのか。そこには、色のイメージを知る以前の問題として、色を指すことばと実際の色調の関係がはたして現代の私たちが思い描く通りでよいのかという、色の歴史を考える際の根本の問題もたちあらわれてくる。

周知のように、七つの虹の色が発見されたのは、一七〇四年のニュートンの著作『光学』においてである。太陽の白色光はプリズムによって赤・オレンジ色・黄・緑・青・藍・すみれ色のスペクトルに分解されることが発見され、ここに七つの虹の色から白と黒が無彩色として科学的に分けられることになった。したがって、これよりはるか以前の中世の人びとには、白と黒を他の色から区別するという概念はない。とはいえ、この二色を色彩体系の基礎とする意識はあり、白と黒を無彩色として区別する準備はできていたようにみえる。

『色彩の紋章』は、色の体系の両端に「白」と「黒」があるとまず述べている。そしてその中間に「赤」があり、さらに赤と白の間に「薄黄色」と「黄色」、そして赤と黒の間に「パープル色」と「緑色」があると言う。きわめて粗っぽいものだが、これが中世の色彩体系である。そして白と黒の間にある五つの「中間色」を決めるのは、熱さと冷たさ、湿りと乾きである。すなわち湿るほどに、また熱くなるほど黒に近づき、乾き、冷たくなるほどに白に近づく。詳細な説明はないが、その他の色は中間の五色から派生すると述べているから、あきらかに白と黒はその他の多くの色から区別されている。(1)

さて、白と黒が両極端にあり、その中間に赤が位置するという説明の通り、中世人が白と黒と赤の三色を中心に色を認識していたとするなら、これはきわめて原初的な色認識を残していたことになる。というのは、俗に「バーリンとケイの法則」と呼ばれる、色認識と文明化の相関を述べた説によれば、ひとはまず光の色（すなわち白）と闇の色（すなわち黒）を知り、つづいて赤を知るというのが最初のステップだからである。

二〇世紀のアメリカの人類学者ブレント・バーリンとポール・ケイは、九八種の言語の色名を比較し、文明化とともに色の認識を増やしていく過程はどのような言語でも共通していることをあきらかにした。(2) 色名のない言語でも最低限、暗い（黒）と明るい（白）という二つのことばがあると述べ、すなわちひとが最初に認識するのはこの二色であるという。そして文明が次の段階に進めば、加えて赤を示すことばが生じる。さらに第三段階では緑色もしくは黄色が、第四段階では緑色の認識が早かったところは黄色ということばが、黄色の認識が早かったところは緑ということばが生じる。第五段階では青色、第六段階では茶色、第七段階ではすみれ色やオレンジ色などであり、文明化とともに色数を増やしていく。この説にしたがえば、ヨーロッパ中世の人びとは、もちろん黄色も青もオレンジ色（中世のフランス語では金盞花色という）も認識しているからすでに高度の文明の段階にあるけれども、白・黒・赤を中心とした色の体系には原初の面影が残っている。

白・黒・赤の三色を中心とした中世の色のシステムについては、パストゥロー氏も紋章の配色の調査から指摘している。氏は紋章の色の組み合わせを一万二〇〇〇の事例で統計をとって調べたという。その結果、色の組み合わせは白に代表される明るい色（紋章用語では金と銀）と、黒に代表される暗い色（ほかに青と緑）の組み合わせ、もしくは明るい色と赤色の組み合わせに尽きるのだという。つまり、金と銀の組み合わせとか、青と緑の組み合わせとか、赤と黒の組み合わせとかは存在しない。単純化していえば、中世の色彩体系は白・黒・赤の三極で成り立ち、白に対立する色として黒と赤の二色があると結論している。(3)要するに金と銀は同種の色であり、青と緑と黒が同種の色として認識されているということである。

私たちの目からすれば、金と銀が明るい色の範疇にあることはわかるとしても、青と緑と黒がひとつのグループにくくられることには抵抗があるだろう。明るい青も薄い緑もあるし、そもそも青と緑と黒とでは色相が異なる。『色彩の紋章』の体系のなかでも、赤と黒の間に赤紫色のパープル色があるのはともかく、緑色が黒に近接しているのはわかりにくい。

現代人にとって緑と黒はあきらかに異なる色だが、中世の人びとにとって緑と黒は同種に感じられる色だったということである。

中世人は何色を好んだのか

白・黒・赤の基本の三色が中世文明のなかでどのような意味を担っていたのかを述べる前に、パストゥロー氏による上記の色彩使用の頻度の調査をもう少し紹介しておこう。調査は紋章の世界に限られるとはいえ、中世人が何色を好んで使ったのか、その傾向を示してくれる[4]。

氏は一三世紀半ばから一六世紀初めにかけてヨーロッパ各地で書かれた二七冊の紋章集から、あわせて一万二〇〇〇の紋章を選び、色の使用頻度の統計をとった。紋章集は、スペイン、ポルトガル、イタリアの南ヨーロッパからフランス、ドイツ、イギリスなどの中央部や、フランドル、ネーデルラント、スカンディナヴィアなど、ヨーロッパの広い地域からバランスよく選択されている。統計をとるには資料の選択のほかにさらに微妙な問題がいろいろあったようで、たとえば重複している紋章や疑わしい紋章をのぞく作業があった。そして複雑な色使いをいかに数えるかというやっかいな問題があったという。氏は、基本的に紋章の地の色と模様の色を数え、さらに別の模様が別の色でつけられている場合にはそれを数えるが、それ以上の細かな色使い、たとえば動物の爪の色とか舌の色など、付随した色については省き、要するに主要な色のみを数えた結果であると断っている。

念のために言えば、紋章には盾形の枠に動物や植物や幾何学的な模様など、自らを示す図柄が描かれ、地の色と模様の色の少なくとも二色が使われている。そして、紋章に使う色は、金（or）、銀（argent）、赤（gueule）、黒（sable）、青（azur）、緑（sinople）という独自の色彩用語のもとに六つの色に集約されている。銀は紋章用語では金属名で呼ばれるものの、白と同一視される。一方で金は黄色の範疇にあるという認識はあるものの、黄色という色名で置き換えられることは決してない。黄色ということばはそれほど忌まれている。

そして、これらの六色のほかに、ヴェール（vair）とアーミン（hermine）という毛皮の模様から派生した色（柄）がある。ヴェールは銀と青の釣鐘形を交互に並べた恰好の模様で、リスの毛皮を接ぎ合わせたときにできる模様に由来する（図Ⅰ－1）。すなわち、腹部の白い毛と青みを帯びた灰色の背中の毛が接ぎ合わせによって交互に現れる毛皮の柄が様式化されたものである。アーミンは、北海道などに生息するオコジョやエゾイタチの本種にあ

I-1 ヴェールの紋章（『金羊毛騎士団の大紋章集』1433-1435年、パリ、アルスナル図書館Ms. Ars. 4790, f. 79v）

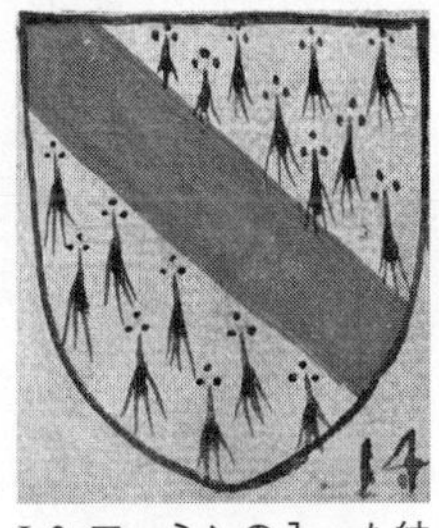

I-2 アーミンの入った紋章（『金羊毛騎士団の大紋章集』1433-1435年、パリ、アルスナル図書館Ms. Ars. 4790, f. 65r）

たるヨーロッパ原産のイタチ科の動物の毛皮に由来し、先端が黒い尾をぶらさげて接ぎ合わせるために白地に黒い斑点が浮かぶ模様である（図I-2）。ヴェールとアーミンは中世の貴族が好んだ毛皮の代表だが、毛皮の模様が紋章の色（柄）として定着したことは中世の毛皮文明を語るものである。毛皮についてこれ以上の説明は他に譲るとして、(5) ここでは紋章に使用された地と模様の色がこれら六つの色名と二つの毛皮によって示され、紋章集という記録として残っているということを理解すればよい（図I-3＝口絵）。

赤はもっとも美しい

さて、これらの六つの色と二つの毛皮が一万二〇〇〇の紋章の色の全体のなかでどのくらいを占めているのか、氏は地域別に統計をとった後、ヨーロッパ全体の平均として、つぎのような数値を示している。すなわち一〇〇の紋章を数えるとするなら、そのうち六一の紋章に赤が、四八に銀が、四二に金、二八に黒、二三に青が現れる。そして緑は一〇〇に対してわずかに二、毛皮については、ヴェールが三、アーミンが二の割合であるという。この結果からすれば、中世にもっとも好まれた色は赤であり、つぎに銀色、そして金色であるという順になる。

ちなみに、地域ごとの差の主な点はつぎのようである。ヨーロッパのほぼ全域で赤の数値が他のどの色よりも大きいが、一ヵ所だけ例外がある。それはスカンディナヴィアで、この地域では赤の四三に対し銀が六六と、銀の方がはるかに大きい。一方、金と銀をくらべると、平均すれば銀の方が大きいのだが、フランスやスペイン、ポルトガルでは金の方が大きい。また黒と青をくらべると、フランスやイギリスでは青の方が大きいのに対し、ドイツ、フランドル、ライン河岸地域、ネーデルラント、あるいはボヘミアなど中・東欧など多くのところで黒の方がかなり大きい。そして緑の使用はいずれの地域でも例外なく極端に少ないことを特筆しなければならない。フランス北部と西部で五もしくは六であることをのぞいて、他はせいぜい二である。

本書の冒頭でシュレックを話題に緑の意味に触れたのは、この色が中世の色のなかでもっともはっきりとした象徴性を示しているからである。そうであるなら、紋章の世界における使用頻度のこれほどの少なさは意外である。パストゥロー氏もこの事実に困惑しており、緑に染めるには青と黄の二重の工程を要するという、染色の困難さが使いにくくさせたのかもしれないと述べている。

一方、ホイジンガの『中世の秋』（一九一九年）は、緑色が衣服の色として「あまり使われなかった」と述べ、「だが、これが、人びとの色の好みを、そのままにあらわしていた、と考えてはならない」とし、要するに恋の色としての緑色のシンボル機能が衣服の色として使うことをはばからせたというほどのことを述べている。[6] 同じ理由が紋章の色に当てはまるのかどうかはわからないが、使用頻度の大小のみで色の好みを決めるわけにはいかないという指摘は適切だろう。問題は色に付与された意味であり、意味がはっきりしているほど使用の場は限られていくからである。

とはいえ、統計の結果が中世人の色の好みの傾向を示していることもたしかである。中世の人びとは赤色を好んで使った。このことは、『色彩の紋章』第二部が著作を締めくくるにあたって、つぎのような問答を挙げていることからもまちがいない。

問　もっとも美しく、かつもっとも鮮やかな色は何色か？
答　それは赤である。
問　もっとも不快な色は何色か？
答　タンニン色である。
問　一番めだたない色は何色か？
答　それは淡紅色で、逆に赤はもっともめだちやすい。(7)

赤がめだつ色であるなら、紋章には恰好の色である。自らが何ものかを明示する役目を負うのであるなら、紋章はまずめだたねばならない。そして闘う騎士は血を流すことを恐れてはならない。赤の根源的な意味はここにあるように思うが、赤がなぜ好まれたのか、その詳細は次章で述べることにする。そして、もうひとつ注意しておきたいのは、もっとも不快な色がタンニン色だと述べられていることである。黄色の章で詳しく述べるけれど、タンニン色とは黄褐色を指し、きわめて嫌がられた色である。赤がもっとも好もしい色であり、タンニン色がもっとも不快な色であるという、中世人に普遍的かつ特徴的な色の好みを、私たちはここで知ることができた。

水は白い

紋章の色の調査において、赤についで好まれていたのが銀、すなわち白であった。中世人にとって白のイメージは純潔・無垢であり、そのようなイメージは現代の私たちにも理解することができる。とはいえ、純潔・無垢という性格をなにに求めるかには、この時代らしいところがある。女性よりも若い騎士に、より純潔が求められているのだ。そして白という色が特に水に結びつけられているのも、この時代らしい。私たちは水を青いと言うけれど、中世人は水を白いと言う。まずは『色彩の紋章』がいかに白を説明しているのかをみてみよう。シシルの第一部はつぎのように書きはじめている。

第二の金属は白い。これは色を示すが、形体をとるものとしては水を表す。これは四大元素のなかではもっとも高貴な空気に次ぐものである。そして紋章としては銀と呼ばれる。というのも、これは輝く物体にもっとも近いものだからである。加えてこれは純潔と無垢を意味する。(8)

一方、第二部も基本的に同じ意味を述べているが、もう少し具体的である。

白色は美しさと歓びの源である。この色を紋章学によって説明するなら、これは金属としては銀に、石としては真珠、水晶、松脂（まつやに）、ダイヤモンド、ガラスに似ている。ガラスをのぞいてこれらは貴石である。白色は月に、星々に、雲、雨、水、氷、雪、その他の自然物に似ている。この色は公平で良識あるひとを意味している。……白は清廉潔白な気質の良いひと、つまり陽気で、決断力のある、寛大なひとを表す。ひとの美しさとは、わずかな赤色をともなった白さである。女性にあっては貞潔を意味し、娘にあっては処女を、裁判官にあっては正義を、金持ちにあっては謙遜を意味している。[9]

「わずかな赤色をともなった白さ」とは、中世文学が美女を描く際に使う、よく知られたレトリックである。要するに色白の肌で、血色のよい顔の表情をいう。前章で紹介したペルスヴァルのエピソードで、彼が雪野に散った赤い血痕に愛しい恋人の顔を重ねたのも、このレトリックがあるからである。

さて、第一部は「白は水を表す」と述べ、第二部は「白色は月に、星々に、雲、雨、水、氷、雪」を表すと述べている。つまり中世では水に関わるものはすべて白く、雨や雲も白いし、涙も白いことに注目しよう。しずくのかたちをした涙の模様が一四世紀末から一五世紀半ばにかけて、多分に遊戯的な紋章（ドゥヴィーズ）として流行をみたことは第Ⅷ章で触れるが、涙の色はほぼ白である。今日では水は青いと表現するのが万国に共通しているが、中世ヨーロッパでは水とそれに関わるすべてが白い。

では、中世の青は何の色かといえば青空の色である。「青は空、そして四大元素のうち、火についで高貴な空気を表す」とシシルは述べている。とはいえ、『色彩の紋章』第二部は、「青は水と空気のあいだにある中間色であるが、ただし、その明るさゆえに水よりは空気に近い」と、微妙な言い回しをしており、ここに水が青くなる可能性が示されているようにもみえる。涙の色も、じつはまれに青いことがある。

フランス語には「水の緑色（vert d'eau）」という色名がある。したがって水は白いと同時に緑色でもある。水が緑色であると感じられてきたのは、森に囲まれた小川や泉の水が木々の葉の色を映して緑色にみえたという、そんな森の環境のゆえかもしれない。青い空を映した広大な海の色から水の色が定まったのではなさそうである。もっとも、地中海に面して繁栄した古代ローマでは青い海という認識が強かったのかといえば、決してそうではない。彼らが青色を示してもっともよく使ったラテン語 caeruleus は、もともと蠟の色を示し、したがってこの語が示す色の範囲は黒、緑、灰色、すみれ色、はては黄色までのニュアンスをふくんでいた。青色のみを指す今日のブルーに相当することばはラテン語にはなかった[10]。

同じようなことは日本の文化圏でも指摘されているから、このことはさして驚くことではない。たとえば、日本語の青が古くは緑色をふくんでいたことは、信号の緑色が今日なお青信号と呼ばれている通りである。つまり古代の日本語において青は緑から黒や白までをカバーする、雑色性の強い色名であったことが知られている。また、江戸時代の「青本」は青と黄の中間色である萌黄色を指している。沖縄ではどうみても黄色いビールを青いといい、黄色い手拭いを青い手拭いということを民俗学者が報告している。[11]つまり自然の色でさえ、それを何色と呼び、何色と認識するかが地域や時代によって異なり、ここにすでに風土や文化の差が現れているのである。水とその範疇にある物質を白いと表現することが、中世ヨーロッパ文明の特徴であることをまず理解しよう。

騎士の純潔を示す白

『色彩の紋章』第二部は、白が女性の貞潔や娘の処女性を表すと説明しているけれど、中世に女性の婚礼衣裳が白いということはなかった。結婚に関わる衣裳は贅沢な衣裳であれば何色でもよかったというのが実情である。[12]一方、貴族男子の騎士叙任の儀式には白い衣がつきもので、同じ『色彩の紋章』第二部でも「色によっていかに騎士は叙任されるのか」という節で、叙任と白の関わりが強調されている。すなわち中世社会で純潔を語るとするなら、女性のそれより男性のそれを騎士の美徳として語る方がはるかに重要であった。

騎士叙任式とは、さしずめ今日の成人式にあたる中世貴族社会の男子の慣習である（図I－4、図VI－8）。貴族の子弟の多くは、一二歳くらいで自分の家より高い身分の貴族の屋敷に預けられる。主人の身の回りの世話をしながら行儀作法を学び、あるいは馬や武具の管理を手伝い、武芸の訓練を積む。騎士となるためのこのような修行期間を経て、彼らは一五歳から二一歳くらいのあいだに騎士叙任式を迎える。騎士は剣をもって馬に乗り、キリスト

I-4《騎士叙任式》(『トロイ物語』1340–1350年、フランス国立図書館Ms. fr. 782, f. 161r)

教会と弱き女性のために闘うことを本分とするから、ゆえに剣と、騎乗のための拍車と、鎧兜の武装一式を授与されるのが式の要である。そして身を浄める沐浴、騎士としての徳目を守る誓い、剣の峰による首打ち、あるいは前夜の教会での祈りなどの儀礼を通して、精神の高揚と倫理の教育をはかることを式の重要な目的としている。

　入浴は、いかなる汚れも残さずに騎士となる準備であり、清らかなからだにかける白い下着は魂も肉体も純潔であることを示す。その上にまとわせる赤い衣、茶色の脚衣、白い帯と白い帽子、いずれも騎士としての美徳と務めを示しており、衣服の色に無意味なものはなにひとつない。白い帯はキリスト教の兵士として純潔の義務を忘れないため、白い帽子は魂の清浄を示すためである[13]。一二世紀に書かれた作者不詳の『騎士の叙任』が記すこのような衣服の意味を、『色彩の紋章』はそのまま引き写している。

多くの書物に書かれているからおわかりのように、騎士に叙任し、訓戒を授けるときには、そこで行われる沐浴と就寝の儀式の後、騎士に白い下着を着せる。この下着は、たいそう清潔かつ純潔な身体をもたねばならないことを騎士に教えている。その後、騎士は赤い長衣をまとうが、これは、騎士が神に仕え、聖書を称揚し、教会を護るために流さなければならない血を意味する。その後、彼に絹の茶色の脚衣をはかせる。これは、われわれが土塊(つちくれ)でできており、土に還らねばならないこと、そしていつも死に思いをいたさねばならないことを示している。その後、騎士をまっすぐに立たせ、彼に白い帯を巻かせる。この白い帯は、身体と臍(へそ)を貞潔に保たねばならないことを騎士に教える。さらに頭には白い帽子を被らせる。それは、あらゆる罪を免れた清らかな魂を神にお返しできるように、キリスト教徒の騎士は思索と想像の大半を使い、神に仕えねばならないことを表している。[14]

ここには触れられていないが、叙任されたばかりの若者は白い鎧を身につける習慣があったことを文学が証言している。[15] 引用のなかで赤い長衣が神に仕えるために流さねばならない血を意味するという説明は、騎士としての役目を考えれば当然で、赤を紋章の色としてもっとも好んだ中世人の気持ちにも結びつく。血の赤に私たちは殺伐としたイメージをもつけれど、血を流して使命をはたさねばならない騎士にとっては気高い色である。ペルスヴァルのエピソードで雪野に散った血痕から美女の顔へと連想がおよぶというのも、現代人には意外でも、中世人にとっては自然なのであろう。

ところで、前項冒頭の第二部からの引用に白が謙遜を示すとあった。謙遜あるいは謙譲の心を示す白い衣の例としては、国王の入市を迎える市民が白い服を着て恭順の気持ちを示したことが伝えられている。一四六四年、フランス王ルイ一一世がトゥルネイ市を訪れたとき、三〇〇〇人におよぶ町の要人がそろって白い衣を身にまとい出迎えたが、記録は「謙譲のしるし」であると伝えている。(16) 教会建築からあらゆる装飾を排除したシトー修道会が白い衣を修道服としたのも、「完徳」にいたる信仰の光を示すという解釈があるにしても、謙譲の気持ちを表すためでもあっただろう。白い衣とは白い羊の毛をそのまま使った自然色のウールのことであり、粗末な布を代表するからである。つまり、中世の白い衣とは、下着であれば未晒しの亜麻布の黄味を帯びた白さであり、表着であれば白い羊の毛をそのまま使った自然色のウールの白さであり、漂白剤で得たような今日の白さを思い起こしてはならない。

光は白か金か

自然の光を何色と呼んだらよいのか、水を何色と呼ぶのかという問いと同じようなことがここにもある。「バーリンとケイの法則」にしたがって文明初期の段階で明るいという感覚が白に結びつけられるとするなら、光の色は白であってもよさそうである。今日私たちが一般に読むことのできる聖書では、マタイ、マルコ、ルカのいずれの福音書においても、イエスのご変容はその衣が「光のように白く輝いた」と記されている。一六世紀にラブレーが著した『ガルガンチュア』物語も、白が聖なる歓びを示すという色の解釈を示し、その根拠を聖書の「光のように白く輝いた」主の変容としている。[17] シシルが説明した先の引用でも、白は輝く物体に近いと述べているから、白を光と結びつける意識はありそうだが、しかしシシルにとって光を表す色はむしろ金である。主のご変容についても、その姿は太陽のように金色に光り輝くと述べている。

色を表す主要な金属は金である。その性質にしたがって識者たちの述べるところによると、金はもっとも高貴である。というのは、金はその性質上、明るく輝き、徳に満ち、さらに医者が瀕死の患者に最上の活力剤としてこれを投与することなどからもわかるとおり、ひとを力づける作用をもつからである。加えてこれは光をあたえる至高の星である太陽を表す。戒律には、光より美しいものはないとある。そして聖書の伝えるところによれば、そのすばらしさゆえに、正しく聖なるひとは、金と太陽に似ているという。また神の子は、タボル山上にて使徒たちの目の前でご変容なさり、太陽のごとく金色に光りかがやく姿を現わされた。[18]

紋章の色として、地域によっては赤についで好まれた金色もまた、中世を代表する色として特筆しなければならない。シシルが示しているように、金色はなによりも太陽の色であり、ゆえに光の色である。おそらくこの感性が、今日のヨーロッパの人びとが太陽を黄色いと表現することの源泉なのだろう。

太陽を何色と表現するかもまた、風土と文化によって差が生じる事象である。太陽を描くとき、今日のヨーロッパ人は一般に黄色く塗り、白く塗るわけでも、日本人のように赤く塗るわけでもないという。昨今では日本でも太陽は黄色いと答える若者が増えているけれど、白地に赤く日の丸を染めた日章旗に親しむ日本人としては赤い太陽の方がはるかに一般的である。日章旗の日の丸が赤いことには、そもそも太陽は赤いというイメージがあったはずである。それは北ヨーロッパにくらべればはるかに南に位置する環境ゆえに、太陽光の強い日本の自然と風土に由来するのかもしれない。

ただし、ヨーロッパでも夕方の太陽は赤いと言う。フランスに「夕方に赤く、朝に白いのは、旅の日和」という諺（ことわざ）がある。これは中世以来の諺らしく『色彩の紋章』でも第二部に引かれており、その由来は古代ローマにあるとされている[19]。作者は典拠を古代ローマの詩人オウィディウスの『変身物語』に求めており、太陽神ポエブスの車につながれた四頭の馬が、白色・薄黄色・燃えるような黄色・赤色であるのは、これらの四色が好天の日の太陽が一日のあいだに変える色であるからだと説明している。朝日は白く、日中の日差しは黄色く、そして夕日は赤いというのが、ヨーロッパの人びとにとっての太陽の色である。

さて、ここに登場している「薄黄色（pâle）」ということばは、『色彩の紋章』が示した色彩体系の中間五色にもあった色で、そこでは白と黄色のあいだに位置していた。白と黄色のあいだに位置することから、筆者はこの色名を薄黄色と訳してきたけれど、私たち日本人には色のニュアンスのわかりにくい色名である。なぜなら現代フランス語でこのことばは、血色が悪く、蒼白い顔色を表して使う形容詞であり、したがって仏和辞典が「蒼白い」という訳語をつけているからである。第V章の黄色の章で詳述するけれど、フランス語の「黄色(jaune)」ということばは中世以来、やつれ衰えた、すなわち私たちが「蒼白い」と表現する顔色を表すことばである。したがってpâleも同じように憔悴した顔色を語ることばであるのなら、このことばが黄色の範疇にある色を示すことはまちがいない。肌の色合いによる表現の違いがあるのだろうが、どのような色相のニュアンスをどのような色名で表現するかが、ここでも問題なのである。

醜く危険な黒

『色彩の紋章』第二部は、白は美しさと歓びの源であると述べていた。そうであるなら、白の反対側に位置づけられている黒は、醜さと悲しみの源ということになる。美しく清らかな水が白いのに対し、汚く危険な川の水はいつも黒い。そして黒は喪と悲しみのシンボルである。

文学に登場する口をきく不思議な鹿はいつも真っ白で、妖精の姫君は輝くばかりに白い肌をし、白い衣裳をまとい、白馬に乗って登場する。主人公を妖精の姫君へと導くのは、いつも白い獣で、これはケルトの伝承に由来する。白が異界を示すのに対し、一方の黒は「悪魔」が住む闇の世界を示す。異教徒として排除されるべきイスラム教徒の色であり、サラセン人は「胡椒のように黒い」、あるいは「インクやタールより黒い」。一三世紀初頭のジャン・ルナールの作品『ギヨーム・ド・ドール』のなかで優れた騎士であるギヨームが乗る馬は「降り積もった雪より白い」のに対し、悪巧みを実行した腹黒い家老の乗る馬は「桑の実よりも黒い」。美しい白と醜い黒の対立は、いくらでも中世文学から拾うことができる。[20]

『色彩の紋章』とほぼ同じ頃に書かれたアンジュー公ルネによる物語『愛に囚われし心の書』には、邪悪で危険な黒色の比喩が満載されている。[21] 主人公の〈こころ〉は、忠僕の〈欲望〉を従えて、〈慈悲〉という名の美しい女性を求めて旅をする。作品は抽象的な概念を擬人化して登場させる手法で書かれたアレゴリー文学の代表作で、主人公の愛の冒険を妨害する感情や性格が擬人化されるときには、その人物は執拗なまでに黒い色でたとえられている。

たとえば、主人公が通りすがった〈絶望〉の支配する土地には深く黒い小川が逆巻き、桑の実のように黒い巨大な牡牛が猛り狂っている。泉の水は黒く、土地の謂れを記す大理石は炭のように黒い。〈嫉妬〉という名の女はごわごわとした黒い太い編み下げを垂らし、顔はしわくちゃで黒く醜い。腹を空かせた主人公が〈メランコリー〉から与えられたのは涙の川の水でこねた黒パンである。同じ黒パンは〈深い溜息〉の家にもある。〈不安〉という名の騎士は真っ黒な馬に乗り、黒い鎧を着て現れる。ついでながら「不安（souci）」というフラ

I-5《〈こころ〉と〈欲望〉は〈メランコリー〉に連れられ、〈不安〉に出会う》（アンジュー公ルネ『愛に囚われし心の書』1460年代、ウィーン、オーストリア国立図書館Codex 2597, f. 18v）

ンス語は金盞花をも意味するから、彼はこの花を紋章とし、盾には黒地にオレンジ色のこの花が表されている（図I－5）。城主〈怒り〉と愛人の〈悲しみ〉が暮らす城は黒い石とタンニン色の石でできており、紋章はタンニン色の地に黒いイバラがついている。

嫉妬といい、怒りといい、ここで黒に結びつけられている概念はすべてが忌まわしく、好もしい概念はひとつもない。黒は絶望と不安と怒りと悲しみの色であり、醜く危険な様子を語る色である。このような黒の比喩はこの物語に限ったことではない。黒い（noir）という形容詞が「危ない」「醜い」「悲しい」といったことばと並べられて、これらを強調する例は文学のなかでいくらでも出会うことができる。悪魔は、シュレックについて述べたように緑色であることが多いが、黒いと表現されることも同じように多い。緑と黒の色相が中世人にはあまり区別がつかなかったことを思い出してほしい。

悲しみという悪徳

ところで、黒が示す忌まわしい概念のなかに「悲しみ」の感情がふくまれているのを、私たち現代人は奇異に思うかもしれない。反対感情の「歓び」に対比させれば、たしかに「悲しみ」は好もしい感情ではないが、とはいえ、危険や邪悪と並べられる悪徳とは思えないだろう。しかし上述の物語のなかで〈怒り〉と〈悲しみ〉がカップルであったように、じつは中世ではこの二つの概念が対をなして避けるべき悪徳として説かれることがある。

たとえば、一五世紀にブルゴーニュ公の宮廷に仕え、ブルゴーニュきっての騎士として評判をとったジャック・ド・ラランの事績を記した記録のなかに、少年ジャックに父親が訓戒を授けるところがあるのだが、怒りの罪を語りながら悲しい思いを避けること、無為を避けて心の苦痛をやりすごすように父親は諭している。[22] 悲しいことが起これば怒りっぽくなるということだろうか。悲しみは怒りの原因になるがゆえに避けねばならない悪徳なのである。アレゴリー文学の最高傑作である一三世紀の『薔薇物語』も、〈悲哀〉を〈羨望〉や〈偽信心〉などの悪徳と並べている。[23] 作品では恋をするうえでの悪徳としてこれらが挙げられているとはいえ、悲しみの表情にある種の崇高ささえも感じる現代の私たちとはかなり異なった感性といわねばならない。文学描写のなかで、悲しみを表す中世の人びとは胸を叩き、髪をかきむしる、決して美しいとはいえない態度で描かれるのが常套である。悲しみの感情に対する中世人のこのような意識からすれば、忌まわしい黒のイメージのなかに悲しみが並べられることにも納得がいくというものである。黒は悲しみの色であり、もっとも低く卑しい色であると、シシルの『色彩の紋章』第一部はつぎのように黒の説明をきりだしている。

黒は、紋章用語ではサーブルと呼ばれ、地を表し、悲しみを意味する。というのは、それはほかのどんなものよりも明るさに欠けているからである。こうした理由で黒い服は、悲しみのしるしとして着られ、悲嘆に暮れるひとのものとなる。そしてそれはもっとも低く卑しい色であって、それゆえにある種の聖職者によって着られる。(24)

最後に言及のある「ある種の聖職者」とは、黒い修道服を採用したベネディクト修道会の僧のことである。この修道会は六世紀に聖ベネディクトゥスによって創設された西ヨーロッパ最古の修道会である。世俗の財産の一切を拒否し、労働と祈りの二つを掟とする厳しい戒律にしたがい、僧は共同生活を送る。彼らの黒衣の様子は、映画化されたウンベルト・エーコの『薔薇の名前』を思い起こせばよいのかもしれない。前章の挿絵本のところで触れたように、物語は北イタリアのベネディクト修道院を舞台にしている。映画のなかで修道士らが着ている褐色がかった修道服は案外、事実を映している。清貧と簡素を主張する修道服は黒く染めた布というより、本来は黒い羊の毛を織っただけの粗末な未染色の布だったからである。ただし、物語の事件を解く修道士ウィリアムは、映画のなかでは同じように黒褐色の衣をまとっていたが、フランチェスコ会の修道士という設定である。

中世では、ベネディクト会修道士を「黒僧」と呼んだのに対し、フランチェスコ会修道士は「灰僧」の名で呼ばれ、すなわち修道服が灰色を帯びていた。とはいえ基本的には未染色のウール地であるから、現実には白に近いものから褐色がかったものまでヴァリエーションがあり、それぞれの修道服の色を厳密に分けることは不可能である（図Ⅰ－6）。要するにいずれの修道会でも染めを省いた粗末な布地を使ったというのが始まりである。すでに触れたように、シトー修道会は白い修道服によって「白僧」と呼ばれたが、実際の衣の色はフランチェスコ会修道服と見まがうものもあったにちがいない。僧服の色は各修道士を区別する記号となったが、多分に観念的なものであ

I-6《小鳥に説教する聖フランチェスコ》（ジョット・ディ・ボンドーネ（1266頃-1337年）画、パリ、ルーヴル美術館）

る。

修道士の清貧と簡素を示す黒衣をのぞけば、中世の黒は悪い意味ばかりを担わされている。中世の黒は、醜く危険で、卑しい色である。そのような否定的なイメージをもった黒は、序章で触れたように一六世紀以後きわめて価値の高い色になる。それを準備したのが中世末期であり、黒は黄色とともに変貌をとげることになるが、それについては第Ⅷ章で述べよう。

金髪のイズーと白い手のイズー

中世人は白（銀）を好み、その反対色として黒を嫌ったが、黒は同じように金の反対色でもあった。というのは、金髪が美しく好もしい人物のシンボルであったのとは対照的に、黒髪は醜く危ない人物のシンボルだったからである。

中世文学を代表する『トリスタン』物語が、女主人公を「金髪のイズー」と呼んでいるのは、彼女が美しく高貴な人物であることを示すためである。一方、トリスタンが金髪のイズーとの別れを余儀なくされて迎えた妻が「白い手のイズー」と呼ばれているのは、トリスタンの愛を得られなかった彼女の境遇を暗示している。そして物語の最後には幸運をもたらす白い帆とトリスタンを死にいたらしめる黒い帆のエピソードがある。中世を代表する悲恋物語を題材にして金と白、そして両者に対立する黒のシンボルをみて本章の締めくくりとしよう。(25)

「金髪のイズー」と騎士トリスタンの悲恋を語った『トリスタン』物語は、一二世紀末から一三世紀にかけて複数の作家によって、それぞれの作風をもって著され、ワーグナーの楽劇『トリスタンとイゾルデ』にいたるまで歴史を生きてきた恋の物語である。いずれの作家の作品も完全なかたちでは今日に残されていないが、フランス語で書かれたベルールによる作品、およびトマによる作品はよく知られている。

トリスタンとイズーの悲恋は、伯父であり主君であるマルク王の命を受けたトリスタンが、アイルランドから王の妃としてイズーを連れて帰る船のなかではじまる。二人は、王とイズーが婚礼の夜に飲むべき媚薬をあやまって飲みほしてしまった。マルク王のもとへ帰ったとき、すでに相思相愛の二人は、以後、反社会的な愛のためにさまざまな苦難を経る。二人の関係が露見し、モロワの森での愛の逃亡生活の後、トリスタンは金髪のイズーをマルク王のもとに戻す。一方、宮廷を去ったトリスタンがその後、妻に迎えた女性が「白い手のイズー」である。

トリスタンの永遠の恋人が「金髪の」と形容されるのは、くりかえすけれど、彼女が絶世の美女であり、高貴な精神の持ち主であることを示すためである。小鳥が運んできた一筋の金髪を見て、マルク王は、このような金髪の持ち主を妻にしたいと思い、トリスタンは金髪のイズーを探しに行くことになった。この物語には、このような経緯があるけれど、そもそも宮廷文学に登場する高貴な女性は皆が金髪である。中世の人びとが金髪を好んだのは、これが北方のゲルマン民族の身体的特徴であり、ゆえに支配者階級にあることを示すと考えられたからである。支配者としての血統を示す金髪は、さらに支配者としての精神の高貴さ、高邁さのシンボルでもある。イズーは金髪でなければならないのである。(26)

一方、黒髪への嫌悪感も中世文学には顕著である。すなわち黒髪は身体的な醜さと精神的な卑しさの両者のシンボルとして機能する。たとえば、すでに何度か引用した『ペルスヴァル』物語の雪野の血痕のエピソードの後につぎのような話がある。愛しい恋人への夢想にふけったペルスヴァルは我に返り、ゴーヴァンに伴われてアーサー王の宮廷に誘われる。賑やかな宴会が三日目におよんだとき、地獄にもいないと思われるほど醜い女、すなわち黒髪の女が宮廷に現れて騎士たちを危険な冒険へと挑発する。この女がどれほど醜いかを、作家はつぎのように語る。目は鼠のように小さく、鼻は猿か猫のよう、耳は驢馬か牛のようで、山羊鬚(やぎひげ)を生やし、背中と胸に瘤があり、背骨はゆがみ、脚は柳のようにたわんでいる。そして髪は真っ黒、太い編み下げを二本さげている。編み下げは当時の女性の通常の髪形であるけれど、太くて黒いという形容は、透き通るように細くて繊細な金髪の対極にある醜さである。金髪が肉体的な美しさと精神の高雅さを語るのに対し、黒髪は邪悪で醜く危険な様子のシンボルである。イズーの「金髪の」という呼称の背景には、このような金髪と黒髪のイメージの対照がある。

では、「白い手のイズー」はなぜこのように呼ばれたのか。すでに触れたように、色白の肌は美女を描く際のレトリックのひとつである。百合やサンザシのように白い、という表現は枚挙にいとまがない。白い肌が美女の条件であるなら、ここで白い手と形容されるイズーもまた「金髪のイズー」に劣らぬ美女であることが示されているが、しかしここにはもうひとつ別の意味が隠されている。

おそらくイズーに付与された白さは、かたちばかりの妻という「白い結婚」を示唆している。「白い結婚（mariage blanc）」とは、フランス語で性交渉のない結婚を指して使う表現である。トリスタンは「金髪のイズー」をマルク王に返した後、友人カエルダンの妹である「白い手のイズー」と結婚する。しかし新婚の初夜、服を脱ごうとした際に、イズーの指輪がころがり落ちる。その指輪がトリスタンに金髪のイズーを思い起こさせ、彼は白い手のイズーを愛することができない。二人の関係が兄のカエルダンに暴露されたのは、三人が騎乗して森に狩りに出かけたときのことである。水たまりでつまずいた馬が水飛沫をとばせ、白い手のイズーの着物の内を濡らした。高らかに笑い声をあげたイズーにカエルダンは理由をたずねる。「ここで跳ね返った水ときたら、今までどの男の手がそうしたよりも高く、いえ、トリスタンがそう求めたよりも高く私の股まで上がって来たのですもの」。彼女のことばにカエルダンは二人の関係を悟る。白が純潔や処女のしるしであることは『色彩の紋章』が述べていた。そして「白い結婚」という表現の存在からすれば、白い手というあだ名が担ったのは、トリスタンの愛を得られなかった彼女の境遇であったことにまちがいはない。

白い帆と黒い帆

トマのトリスタン物語にはその後に、白い帆と黒い帆の有名なエピソードがある。毒の刃に傷つき、瀕死のトリスタンは、薬草の知識をもち、その傷を治すことのできる金髪のイズーを呼びにやろうとする。トリスタンはフランスのブルターニュの地にあり、イズーはマルク王とともにイングランドにいる。首尾よくイズーを連れ出せたなら舟に白い帆を上げて、かなわなかったときには黒い帆を上げて帰るよう、トリスタンは使者に言いつける。「白い結婚」生活に疑念を抱いていた白い手のイズーは隣室でこれを聞き、恋人の存在を知る。舟を待ちわびるトリスタンは毎朝、舟は見えるかと白い手のイズーに尋ねることを日課としたが、やがてその舟が見えたとき、白い手のイズーは復讐を思いたった。舟の帆は白か黒かと尋ねるトリスタンに、白い手のイズーは黒いと答える。絶望のあまりトリスタンは息を引き取ったが、舟の帆は白かった。トリスタンの死を伝える悲しい鐘の音を聞きながら上陸した金髪のイズーは、絶望のあまりトリスタンの遺骸の傍に身を横たえると息を引き取る。黒はトリスタンを死に至らしめた魔の色であり、これが中世本来のこの色のイメージである。

第II章　権威と護符の赤

赤が中世に好まれた色であったことは、この色を示すことばの豊かさによってもうかがわれる。赤の意味論に入る前に、赤とその範疇にある色の名を確認しておこう[1]。

赤色のヴァリエーション

赤を総称して、今日にいたるまでもっともよく使われてきたフランス語は、ラテン語 ruber に由来する rouge である。血のように赤いというときにも、燃える炎のように赤いというときにも、この語は使われる。赤い宝石を「ルビー（rubis）」というのも同じラテン語の派生である。そして赤い頬や赤い花など美しいものを指してもっとも頻繁に使われるのが vermeil である。ことばの由来は、後述のようにスカーレットという高級織物を生むケルメス染料にある。

「スカーレット（scarlet）」ということばは、今日では緋色を指す色名として英語でもフランス語（écarlate）でも使われているが、本来は中世ヨーロッパで産した深紅の高級毛織物を指す。衣服調達を記録する文書にはこのスカーレットなる織物の赤色のヴァリエーションが、「深紅（vermeille）のスカーレット」「すみれ色（violette）のスカーレット」「血紅色（sanguine）のスカーレット」「孔雀色（paonace）のスカーレット」「薔薇色（rosée）のスカーレット」などと記され、赤色のニュアンスを示す表現は他の色相を抜いて多い。『色彩の紋章』も第二部で、「スカーレットはこの上もなく高貴な色であり、赤、パープル色（pourpre）、すみれ色の布ができる」と述べている。紋章の世界では赤色のいっさいのニュアンスを捨象し、もともと獣の口のなかの赤色を指したgueuleという色名でくくり、赤の色調の違いを問題にすることはなかった。しかし、衣生活の場面では微妙に異なる赤色のさまざまなニュアンスが楽しまれた。

赤色のヴァリエーションの多さを裏づけるように、当時の染色技術書は赤色染色に多くの頁を費やしている。一四、一五世紀イタリアの染色技術書を調べている伊藤亜紀氏によれば、いずれのマニュアルにおいても大半が赤色染色の説明で占められているという(2)。たとえば、一五世紀後半にヴェネツィアの染師によって書かれ、今日コモ市立図書館が所蔵するマニュアルでは全一五九章のうち一〇九章で赤色染色が取りあげられている。染料別では、スオウに五一章、グラーナに二五章、ケルメスに一八章、アカネに一四章の言及があるという。ここでケルメスの章が意外にも少ないのは、グラーナと別個に数えられているためだろう。グラーナ（種粒）とは、後述のように種粒と誤解されたケルメスの別名だからである。名称の違いには何らかの違いが想像されるが、その差異は未だあきらかでない。一方でアカネは、安価な赤い布を生産するためによく使われている。

そして、もっとも多く言及のあるスオウは、日本でも古くから知られたインド・マレー原産のマメ科ジャケツイバラ属の小低木、蘇芳のことである。中世ヨーロッパにはインド、セイロン、スマトラなどからアレキサンドリアやヴェネツィアの商港を通して運ばれたらしい。染色マニュアルの赤の説明の半分近くをスオウが占めているということは、大量に輸入されていたということである。フランス語では「おき火のように赤い」という意味でブレジル（brésil）と呼ばれ、一二世紀末の文学作品にすでに少なからず記録されているが、その染色が盛んになるのは一四世紀末からである。一五世紀にかけて王侯貴族のあいだで流行した薔薇色の衣裳は、この染料で染めた可能性が高い。ついでながら南米の国ブラジルの国名は、スオウを産したがゆえに一六世紀にポルトガルが南米を植民地としたときにそう命名されたことに由来する。蘇芳は平安朝の襲色目（かさねのいろめ）でもよく知られた日本を代表する染料であり、また色名である。それが奇しくもヨーロッパでも珍重され、さらに地理上の発見によって南米におよぶ色彩文化圏をつくっていたことは興味深い。

赤毛と左利き

ところで、赤系の色のすべてが好もしい色として中世人のこころを引いたのではない。茶色を帯びた赤色のニュアンスを示す roux は、同じくラテン語 ruber から派生・変化したことばであるが、これは赤毛を表すときにもっぱら使う色名であり、ゆえに忌まわしい意味をもっている。『赤毛のアン』（一九〇八年）や『にんじん』（一八九四年）などの小説のなかに描かれて、今日まで特別の感情をもたれている赤毛への嫌悪感は中世にさかのぼる。中世の赤毛は身体の醜さと同時に裏切り者という精神的な卑しさを示し、要するに蔑視感を表すときに使われる。したがって、弟子でありながらイエスをユダヤ人に引き渡した、裏切り者のユダは、赤毛の持ち主である。中世の写本挿絵やステンドグラスのなかで、彼の髪が周囲の人間とはあきらかに違った茶色で塗られていることがあるのは、そのためである。

ついでながら、こうしたイメージにさらに加わるのが左利きであるらしい。アベルを殺したカインはしばしば赤毛で描かれ、かつ左手で鋤をもってアベルに打ちかかっている。これは自らの供え物が神に顧みられず、弟アベルの供え物が顧みられたことに激怒したカインがアベルを殺すという旧約聖書「創世記」のエピソードである。あるいはサムソンを裏切ったデリラが左手にハサミをもって描かれることもある。サムソンの怪力の秘密が髪にあることを知ったデリラが、彼の寝ている間に髪を切ってしまい、報酬と交換に敵に引き渡してしまうという旧約聖書「士師記」のエピソードである。(3)

赤茶色の毛といえば、キツネもしばしばこの色で示される。動物誌が語る、つぎのようなエピソードも赤毛が狡猾さと結びつく例である。キツネは腹が減り、餌が見つからないと、長い舌をだらりと垂らして、血を流して死んだかのように赤い土の上に横たわる。そして死んだと思って不用意に近づいてくる鳥があれば、ぱくりと捕えて食べてしまう。血を流したかのように見せる赤土に、キツネの赤茶の毛色が加担し、こうしたトリックのいっさいを悪用するのがキツネの狡猾さである。赤茶色は策略と裏切りを示す色である。(4)

原稿に修正の赤字を入れるときや、答案の採点をするときに赤い色鉛筆を使うことがあるが、この色鉛筆にバーミリオン（vermilion）ということばが記されているのに気がついたことがあるだろうか。英語の辞書を引けば、このことばが朱色を示すとあり、少し詳しい辞書なら、これが先述のフランス語の vermeil に由来すると説明があるはずである。さらにこの語を調べてみれば、深紅を表すという意味とともに、ミミズやウジ虫のような虫や幼虫を指す vermiculus というラテン語から生まれていることがわかる。つまりバーミリオンという色名は虫と関係している。じつは虫から採れる染料が上述のケルメス染料であり、これで染めた高級毛織物がスカーレットなのである。

前章に述べたように、『色彩の紋章』が赤色をもっとも美しい色と認定し、紋章の世界でもっとも多く使われた色が赤だったのも、背景にこのような赤い織物の生産という現実があったためである。中世は、古代文明の遺産である貝紫という赤紫色の布への憧憬を受け継ぎ、ゆえに赤色を尊重する文化的土壌をもっていた。古代以来の権威の色としての赤色のイメージをスカーレットという新しい織物によって守ったのである。

まず虫に由来するという染料について、『色彩の紋章』第二部の説明から紹介しよう。というのは、「世界の摩訶不思議、色に関わる特異性と属性」と題された最終章で語られているその説明は、意外なほどに正確だからである。引用のなかで、カルツ（qualz）と呼ばれている木はおそらくカシの木を指している。南フランスに生えるその木に小さな虫がついて、そこからまさしくバーミリオンと呼ぶ赤い染料が採れることが述べられている。

プロヴァンス地方では、ある海岸にカルッと呼ばれる小さな木が生えていて、この木々の根元あたりに、五月になると血のように赤い汁をいっぱいふくんだ小さな粒々ができる。この地方の人びとがこれらを陽で乾かすと、赤い革の断片のようになり、夏の終わりにはここから小さな虫が生まれる。これらのからだのなかにも血のような体液があり、これで絹地を染めたり、書物の字を書いたりするバーミリオンがつくられる。[5]

正確にいえば、虫とは、南西フランスやスペイン、イタリア、多島海（エーゲ海）沿岸諸島に生育するブナ科のケルメスカシや緑カシに寄生する、貝殻虫と称される小さな虫のことである。雌の成虫が五月から六月頃に、二〇〇〇個におよぶ小さな楕円形の卵を内包したまま球状の実のように変態し、小枝の分かれ目などに付着して死ぬ。放っておけばやがておびただしい数の真っ赤な幼虫がはいだしてくるが、その前にこれを採取し、乾燥させて殻をとり、酢に浸した後、ふたたび乾かすと赤い染料が得られる。ケルメスカシから採れるものをケルメス・ヴェルミリオ（kermes vermilio）、緑カシから採れるものをケルメス・イリキス（kermes ilicis）と呼び、これらがケルメス染料を代表し、スカーレットという赤い布を生む。[6]『色彩の紋章』の説明は、産卵の時期を正確に伝えているし、「赤い汁をふくんだ粒々」から「赤い体液をもった虫が生まれる」とも読める説明もかなり正確である。球のようになって木に付着した成虫は、長らく「種粒」と誤解され、この誤解が解かれるのはようやく一七世紀末のことといわれるから、そうであるなら引用の記述は驚くほど正確だが、おそらく古代の著作の引き写しなのであろう。

同種の虫から同じように得られる赤色染料は他にもある。たとえばポーランドや、ウクライナからカスピ海や黒海沿岸にいたる草原の草に寄生する虫から採れるコチニールや、中南米のサボテンに寄生する虫から採れるコチニールはよく知られている。また、東南・南アジアのラック虫から採れる染料も同種である。ケルメス染料によるスカーレットが中世以後ふるわなくなるのは、ケルメス染料より数倍も色素が多く、しかも安価な中南米のコチニール染料がもたらされ、ケルメス染料を凌駕してしまうためである。

ケルメス染料一グラムに六〇匹の虫

毛織物生産は中世ヨーロッパを代表する産業であり、今日のフランス北部からベルギーにかけてのフランドル地方で特に栄えた。この地域に点在するルーアンやイープルやマリーヌなどの諸都市は、イングランドから羊毛を輸入し、布に織り上げた、スカーレットをはじめとする高級織物の生産地として有名である。この地域を治めたブルゴーニュ公家が本家のフランス王室をしのぐ文化を誇ったのも、毛織物生産による富がもたらしたものである。

スカーレットが他のどんな織物よりも高価であったことは、当時の記録を見れば一目瞭然である。フランス王室の帳簿に記された服地購入の支払い額によれば、たとえば一三一六年、喪服に使う黒い布が一オーヌあたり一二スー、青い布が八から二八スー、緑の布が一八から三二スーであるのに対し、深紅のスカーレットは三六から五〇スーしている。(7)黒いウールはここではかなり高級なものであるから単純な比較をしてもわかりにくいが、つぎのように考えたらどうであろうか。当時、大人が一日に食べる量のパン一個が一ドニエといわれ、その一二個分の一二ドニエが一スーにあたる。つまり一スーは一二日分のパン代にあたり、ゆえに五〇スーは六〇〇日分のパン代にあたる。この金額で買える一オーヌとは、この頃のパリでおよそ一・一八八メートルの長さである。一メートルあまりの布を買うのに、六〇〇日分のパン代を費やすと考えるなら、食事の大半をパンに頼る食生活をする庶民にとってどれほどの額か想像がつくだろう。

ではなぜ赤い布が高価であったのか。ケルメス染料一グラムを得るのに六〇から八〇匹の虫が必要だったというから、厖大な量の虫の採取を要したことがまず考えられる。しかもスカーレットを生産するには、染める毛織物の重さに等しいくらいの染料の粉末が必要だったといわれるから、美しく染めるために大量の染料を要し、そのために費用がかかったというのも高値の理由である。しかしふんだんに使えばどのような染料でも美しく染められるというものではない。ケルメス染料は、自然が提供する染料のなかで褪色しにくい堅牢度の高さを誇った特別な染料なのである。

自然から採取できる染料に頼っていた時代に、濃く、鮮やかに、色落ちがせず、しっかりと繊維に色を固着させることのできる、ほとんど唯一の染料がケルメス染料であった。赤く染めるにはフランドル地方やロンバルディア地方など、ヨーロッパ各地で栽培されたアカネを使うことができたが、この植物染料から鮮やかな朱色を得ることは不可能であった。その他の色相であっても自然の染料から鮮やかな染めを得ることは、染色技術の未熟な時代には難しいことであった。現代の私たちは草木染めの淡い色調を美しいと思うけれど、それは化学染料による鮮やかな染色が可能だからである。中世の人びとの目には草木染めは褪せた色でしかなく、そのような染めの世界でスカーレットの赤はひときわ鮮やかに人びとの目に映ったはずである。ケルメス染料の品質に勝るものはなく、結果としてケルメス染料による赤い色が価値を高めた。

II-1 シチリア王ルッジェーロ2世戴冠式の深紅のマント（1133 / 34年、ウィーン美術史美術館）

貝紫の記憶

とはいえ、赤い色に価値を認めた理由には、赤色を好む古代からの伝統が生きていたという事情がある。つまり古代ギリシアから古代ローマ時代へ、さらにビザンティン文明へと受け継がれたパープル、いわゆる貝紫の美しい染めに対する憧憬の記憶があったためである[8]。

パープル染めは、地中海沿岸に生息するアクキガイ科に属する小さな巻貝の分泌液で染めたものである。貝一個から採取されるその液体は三、四滴にすぎず、純粋な染料を一グラム得るのに一万個の貝を要するといわれている。この液体は黄白色をしているが、太陽光にさらされると赤紫色に変色し、これを利用して絹や羊毛を染めることは、古代フェニキア人の活動した紀元前一〇―八世紀にすでにおこなわれていた。フェニキア人の町テュロスは、その生産地として特に有名である。古代ギリシアの詩人ホメロスの『イリアス』に「紫の衣」とあれば、まちがいなくパープル染めであり、古代ローマでは元老院議員の衣にわずかにパープル染めの線条を入れることが許されたほかは、皇帝の衣の色として存在した。

皇帝のシンボルとしての機能はビザンティン文明へと受け継がれ、皇帝の後継の皇子は「パープルのなかで生まれた子」と呼ばれた。本書が対象としている一二世紀から一五世紀には、ビザンティン帝国の首都コンスタンティノープルの皇帝の工房でパープル染めの生産がつづけられていたものの、貝の乱獲によって染料が得にくくなったため衰退の道を歩んでいた。一方、一一世紀にイスラム教徒からノルマン人の手に落ちたシチリアでは、パープル染めの工房がヨーロッパの人びとの眼に触れることになった。もちろんここでも衰退しつつあったことは、一二世紀のかなり早い時期に制作された戴冠式用マント（図Ⅱ-1）が示している。このマントは、長いことパープル染めとして知られてきたが、ケルメス染めであることが今日わかっている。パープル染めの布地がヨーロッパに伝わることはおそらくほぼなかっただろうが、その名声は伝聞によって広く知られた。一二世紀文学に登場する高貴な男女の服装が決まってパープル染めであるのはそのためで、前章最後に引用した『トリスタン』物語の主人公、金髪のイズーももちろんパープル染めを着ている。

したがって、パープル染めは中世人にとってケルメス染料にまして摩訶不思議の世界であった。「ある種の小さな魚の尻尾を切ると、真っ赤な血がしたたり落ちて、これでパープルを染める」と説明する文学作品もあるし、『色彩の紋章』第二部は、おそらく貝という意味で使っているのだろう、「骨」のうろこから出る血で染めるという。

パープル色は、海にいる一種の骨のうろこから出る血の滴によってできる。第一部で述べたように、パープルは同様に、あらゆる種類の色を合わせることによって人工的につくられる。紋章学によって説明すると、この色は小パンジーと呼ばれる花とみなされる。また多くの人びとに対する権限と支配権を意味している。したがって古くは王がこれを身につけたのであり、裁判官もその席にあるときには、そうであった。(9)

スカーレットと同様に、パープルもその由来が血の色に結びつけられているから、中世人にとって赤はやはり血の色なのであろう。ところで、第一部の著者シシルは、パープル色を紋章の第七の色として加えている。パストゥロー氏の紋章の調査で示したように、紋章の色は六色で完結するのが通常で、そのなかにパープル色が数えられることはない。パープル色を加えたシシルの意図はわからないが、古代からの伝統色として重視したためだろうか。引用に言及があるように、シシルは紋章の六つの色をすべて合わせればパープル色になると記している。そしていっさいの色をふくんでいるがゆえに王さまが地位を誇示するときにつける権威の色であり、「豊かさ」を徳目とするのだとシシルは妙な理屈をつけているが、根拠はよくわからない。

ともあれ、王侯の衣裳としてのパープル染めは、中世文学のレトリックとして定着した。高貴な登場人物がパープル染めを着ていることはもちろん、『薔薇物語』のなかでは〈富〉という名の擬人化された登場人物がパープル染めに金銀糸で王侯の事績を刺繍したという衣裳を着ている[10]。パープル染めは確実に支配者階級のシンボルとして機能しているのである。このようなパープル染めに対する感情が、一二世紀末の毛織物産業の隆盛とともに、赤いスカーレットに引き継がれていくことになる。

パープル染めは一五世紀のビザンティン帝国の滅亡によってほぼ消滅し、ヨーロッパの人びとには完全にまぼろしの布となった。古代の貝紫が再発見されるのは、一九世紀も中ほどのことである。一八五八年、フランスの動物学者アンリ・ド・ラカズ゠デュティエがスペインのミノルカ島で調査中、土地の漁師のシャツがつぶれた貝で黄色く染みのついているのを見た。漁師はこの染みが太陽の光できれいな紫色に変色するのだと彼に教えたのである[11]。こうして貝紫の貝が特定され、紫色の染色のからくりが再発見されたのである。

権力者たちの赤い喪服

フランドル地方において、スカーレットの生産がめだってくるのは一二世紀末からである。文学作品のなかでは、それに合わせるように支配者階級の登場人物の服装がパープルからスカーレットへと変わっている。では現実の世界でスカーレットは権威の象徴としてどのような役割をはたしたのか。『色彩の紋章』第二部は、「赤は誰の身につけられるべきか」の節でつぎのように証言している。

> 赤は多くの貴顕の士などに、縁なし帽や脚衣、上着（プールポワン）やマントの色として使われる。女性はこの色を胴衣（コット）や帯、袖口に使う。高等法院長官や評議員のように司法官は、スカーレットの立派な長衣にこの色を使う。赤は勇敢で大胆なひとたちの身につけられるべきである。[12] 正規の参事会教会の多くでは聖歌隊の子どもたちがこの色を着る。枢機卿も同様である。

枢機卿が赤い衣をつけるようになったのは、一二九四年に教皇ボニファティウス八世が就任した翌年のことである。当初は貝紫による染色に定められていたようだが、パウルス二世（在位一四六四―一四七一年）の時代に公式にスカーレットにとって代わられる。引用ではすでにスカーレットという認識である。

引用のなかで特に注目したいのは、高等法院長官と評議員という司法官がスカーレットの衣裳を着るという点である。というのは、今日なおフランスをはじめとするヨーロッパ各国で上級の裁判官が緋の法服を着る習慣があるのは、ここに由来しているからである。言及さ

II-3《大法官ジュヴネル・デ・ジュルサン》（ジャン・フーケ（1420頃–1480年頃）画、1450 / 75年、パリ、ルーヴル美術館）

れている高等法院とは、一三世紀に国王会議から分化し、一四世紀に王権から独立した司法の最高機関である。同時に行政権も一部もち、国王会議を引き継いだ立法・行政の最高機関である王国評議会と対立抗争をつづけた権力ある機関であった。そのような高等法院の四人の長官と評議員がスカーレットの衣裳をいわばユニフォームとして用いたのが一四世紀である。フランスが封建国家から君主国家へと変容し、官僚機構を整えていく過程で、司法の権力を象徴したのがスカーレットの衣裳であった。

一方、官僚機構の最高位にある大法官の職にあったものもまたスカーレットを着たことは、今日に残された絵画が証している（図Ⅱ－2＝口絵）。フランス王の右にいるのが、大法官である。フランス王シャルル六世に仕えた大法官エティエンヌ・シュヴァリエ、つづくシャルル七世に仕えたギヨーム・ジュヴネル・デ・ジュルサンは、いずれもジャン・フーケによる今日よく知られた肖像画を残しているが、そのなかで彼らは赤い衣を身につけている（図Ⅱ－3）。同じくフーケの筆によるシャルル七世王の肖像画は、王自身が赤い服を着て描かれている（図Ⅱ－4）。描写された布の感触と中世末期の織物の享受の実情とからすれば、彼の赤い服の素材はビロードの可能性がある。とはいえ、上等の毛織物は一見して絹にもみまがう光沢をもっているから、スカーレットである可能性も捨てられないし、スカーレットでなかったとしても赤い布がもつ権威のシンボルをここに読みとることは可能である。このような赤い衣は、国王と国家の官僚ばかりではなく、都市

II-4《シャルル7世の肖像》（ジャン・フーケ画、1440–1460年、パリ、ルーヴル美術館）

の行政を担う商人頭（今日のいわば市長）や助役といった都市の官僚にも使われている。儀式や祝典の際には、彼らもまた赤い衣に身を包んでいる。

司法の権力者と、官僚機構最高位の大法官が身につけた赤い衣は、国王の葬儀にあっても脱がれることはない。もちろん黒を悲しみの色として、また喪の色として着ることが国王の葬儀にあっても例外ではなかったが、後継の王子とともに大法官や高位の司法官は赤い衣を手放すことはなかった（図Ⅱ－5＝口絵）。当時の記録は、彼らが赤い衣を着ることは、王は身罷るとしてもフランス王家が永遠なることを示すためであると説明している。

赤い衣の医者

もうひとつフランス王家の権威を示す赤として、王が出陣の際にもち歩くオリフラムと呼ばれた軍旗がある。『色彩の紋章』第二部は「赤色とその仕着せについて」の節の最後で、この軍旗について触れている。

記録によれば、軍旗としてフランス王に天から届けられた王旗（oriflamme）は、赤い絹でできていた。というわけで、この色はたいそう高貴であり、赤い色のセンダル絹が視力を回復させ、維持することから明らかなように、医者が身につけるのだ。

赤い軍旗はもちろん権威のシンボルとして機能していたにちがいないが、同時に戦勝祈願の護符としての意味をもっていたことを引用の文脈は暗示している。センダルとは薄い絹布を指して記録に頻出するけれども、赤いその絹が眼によいというのは、中世ではあまり聞いたことがない。一般に視力の治癒と維持に効果があるとされるのは、エメラルドなどの緑色の石だからである。とはいえ、赤い色が魔除けになるとか、子どもの麻疹(はしか)に効くなど、お守りとしてのちからが絶大であったことは後述の通りである。

また、医者が赤い衣を着ることは、一四世紀から一六世紀のイタリアではかなり習慣化されていたらしい。伊藤亜紀氏によれば、一四世紀末のボローニャの法学者の規約や、一六世紀の『フィレンツェ史』に、医者が赤い長衣をまとったという記述がみられ、それを裏書きするように、画中で医者や医者の守護聖人が赤い衣で描かれているという(13)。氏は医者がなぜ赤い衣を着るのかという問いに対し、貴族の身分とその財力への憧れという単純な動機から、貴族の色であった赤を医者が着るようになり、やがて定着したのではないかと述べている。もちろん、このことは医者が貴族と同等の階級にあるとみなされていたことを示しており、赤い衣は医者の高貴な身分を証しているのだが、引用した『色彩の紋章』の記述は、医者の治癒能力の証しとして彼らが赤を着ると解釈しているようにもみえる。つぎのように、中世の赤色は権威のシンボルであると同時に、きわめてありがたい効能をもった護符としての性格が濃厚だからである。

鉱物誌による宝石の効能

赤い色が護符として機能するということは、私たちの目からみれば迷信以外のなにものでもないけれど、そこに迷信といって切り捨てられない文化を中世は創りあげている。それが今日まで誕生石というかたちで残っている宝石の迷信であり、それが説かれた鉱物誌という作品群の流布である。もちろん赤色にかぎらず、あらゆる色の石に効能が期待されているけれど、ことさらに赤色の効果が絶大であったのは、やはり血の色である赤のイメージが大いに作用しているのだろう。つまり、医療技術の進んでいない時代には剣をもって戦うことを使命とする騎士にとって、怪我による出血がもっとも切実な問題であった。止血の効果を、赤いものは赤いものに効くという理屈からルビーや赤珊瑚などに期待することになったのである。フランス王の赤い軍旗も戦勝を祈願する以前に、戦闘による怪我の治癒というもっと身近な願いが込められていたように思う。じつは国王から庶民にいたるまで赤い色の効能にすがったのが中世である。

中世の人びとは、宝石のそれぞれが病いを癒し、心に平安をもたらし、社会生活を円滑にし、そして自然の災いを防ぐ優れた効能をもつと信じていた。そのような効能を、ひとつひとつの宝石について延々と書き連ねたのが鉱物誌と呼ばれるジャンルの著作である。迷信集ではあるが、多少とも鉱物としての性格と産地についての正しい説明があり、またアリストテレスの著作やプリニウスの『博物誌』にある同種の説明の引用もあるから、古代からの伝統を受け継いだ鉱物学の知識の集成本であるともいえる。宝石をお守りとする意識は、そもそも石の色の魅惑的な美しさに発しているはずであるから、『色彩の紋章』も色を語りながら宝石に言及することは多い。たとえば、紋章の六色（シシルにしたがえばパープル色を加えて七色）にはそれぞれに対応する宝石がある。シシルによれば、金にはトパーズ、銀には真珠、赤にはルビー、青にはサファイア、黒にはダイヤモンド（『色彩の紋章』第二部ではダイヤモンドは白に対応している）、緑にはエメラルド、そしてパープルには「たくさんの美しい宝石」[14]が対応している。ちなみにこれらの石の効能を鉱物誌から紹介してみるとつぎのようである。

トパーズは妬みや怒りの感情を鎮め、出血を止める。真珠は心臓に効く。ルビーは出血を止め、戦勝に導き、権力の座につかせるほか、健康を保持する。サファイアも出血を止め、権力の座につかせ、健康を保つほか、捕虜にならないようにし、毒殺を免れ、動悸に効き、妬みの感情を鎮める。ダイヤモンドも止血の効能と毒殺を免れる効能をもつほか、骨折を防ぎ、腫れやこぶ、発汗や発熱に効き、不妊を治し、怒りを鎮め、闇夜の恐怖を和らげる。エメラルドは、富をもたらし、雄弁にし、美貌を保ち、好色を遠ざけ、嵐から守る。ついでながらマグネットは男女の愛を育て、夫婦の円満を保つ、というのは磁石の性質から思いついた効能だろう。ダイヤモンドが骨折を防ぐというのも、この石の硬さにあやかったものである。

効能の挙げ方は鉱物誌の作者によって異同があるし、そこにたしかな根拠があるはずもないから、『色彩の紋章』の色の説明と同じように体系だったものではない。ただ、このような効能の羅列をみていると、中世のひとが何に悩み、何を恐れていたのかがよくわかる。わずかばかりの紹介のなかでやたら多いのが、止血の効能であるのは、このことがやはり切実な問題であったからである。

止血・魔除け・毒避け

止血に効くのは赤い宝石ばかりではないが、逆に赤いものは宝石でも織物でもたいてい止血に効果を発揮する。⑮ 赤珊瑚は鼻血に効くと述べるのは、一二世紀のサレルノの医師マテウス・プラテアリウスの手になる『薬草の書』である。フランス王フィリップ四世の侍医を務めたアンリ・ド・モンドヴィルは、麻疹の子どもは赤い布でくるむように勧めているほか、月経時の大量出血や分娩時の鎮痛剤として赤珊瑚が効くことを述べている。このように、赤い色の効果は必ずしも民衆のまじないのようなものではなく、当時の医者や学者が保証したことである。琥珀も赤系の色のためであろう、粉末にして飲むと出血を止めてくれると、一三世紀のフランチェスコ会修道士バルトロマエウス・アングリクスは百科事典『事物の属性の書』のなかで言う。粉末にして飲むとか、ミルクに浸して飲むなど、場合によって服用の必要が説かれるものもあるが、多くは身につけ、手で触れるというほどの真にお守りである。珊瑚や赤い布が買えない、貧しいひとは、ヒイラギの赤い実をお腹に巻くと魔除けになったという。

赤い着物が病いに効くという迷信は、じつは日本にもある。すなわち江戸から明治にかけて、疱瘡の患者に紅紬（べにつむぎ）や紅木綿の肌着を着せる習慣があった。赤べこなど赤ものといわれ、子どもの玩具に赤が多いのも、魔除けのためだといわれる。チュニジアでケルメス染めにつ いて調査した梶原新三氏によれば、今日なお土地の男たちが被っているケルメス染めのシェシアは、頭痛にならず眼にもよいと信じられているという⑯。

病いに効く赤い布という意味では東西で共通しているが、子どもの服として、麻疹の予防ばかりか、広く魔除けとして赤い布を用いているのが中世ヨーロッパである。中世の乳児は亜麻布の四角い布に包まれた上をさらにウールの布でくるまれ、そして紐やリボンでぐるぐる巻きにされる、いわゆるスワドリングというおくるみを着せられる。当時の写本挿絵や壁画などに、そのように描かれた産衣に少なからず出会うことができるが、足の方でリボンからはみ出した毛織物が赤く塗られていることが多い。それは、魔除けとして赤い布が使われ、上層階級の子どもならスカーレットを着せられていることを示している（図Ⅱ－6）。寝台にかけられた覆いが画中で赤く塗られていることが多いのも、おそらく魔除けのために実際に赤

II-6『聖ステファノ伝』より（マルティーノ・ディ・バルトロメオ（1370頃-1434 / 35年）画、1390年頃、フランクフルト、ステューデル美術館）

II-7《聖母子》（マザッチョ（1401-1428年）画、1426-28年、フィレンツェ、ウフィッツィ美術館）

い布が使われたことを思わせる。

おくるみにくるまれた赤ん坊が、しばしば首にぶらさげているのが枝状の珊瑚である。さいわい赤ん坊の姿は、聖母子を表した画像が多いために事例にこと欠かない。幼いイエスがおくるみにくるまれて聖母に抱かれ、首には珊瑚の枝を金具につけてさげている姿はいたるところで出会う（図II－7）。女性のネックレスのように珊瑚を球状に加工してつなげた首飾りや、同様の腕輪を手首に巻いている例も少なくない。珊瑚の腕輪にはペストの侵入を防ぐ効果が期待されたという。もちろん珊瑚は赤い珊瑚でなければならないから、枝状のものも球状に加工したものも画中ではみな赤く塗られている。

珊瑚のお守りは、王侯貴族の食卓上の塩壺につけられるときがある。「ひと枝の珊瑚と蛇舌石のついた塩壺」という記載が、一四世紀にベリー地方を治めたフランス王弟ジャンの宮廷の帳簿にみえる[17]。蛇舌石とは文字通り langue de serpent と記されている石であるが、実態は不明である（ウンベルト・エーコは『薔薇の名前』にこの石を書き込んでいる）。「かえる石」と呼ばれたトードストーンを指しているのかもしれない。この石は硬骨魚の歯が化石化したものであることが今日では知られているが、中世ではヒキガエルの頭のなかにあり、毒を見分けるちからがあると信じられていた。近くに毒があると、この石に触れている指が熱くなるのだと鉱物誌は言う。

いずれにしても、これらの石は毒避けであり、珊瑚にも同じ効果が期待されていたのである。上に引用した石の効能のなかにも、サファイアとダイヤモンドに毒殺を免れる効能があった。そのほか碧玉や風信子石（ヒヤシンス）も毒に効く石である。食事による毒殺を中世の人びとが恐れていたこと、つまりそのような毒殺が多かったことを物語っている。

赤にこめられた願い

根拠は荒唐無稽に思われるけれど、赤い色が赤い色に効く、すなわち同じ色のものに効くという理屈でなりたつ効能は少なくない。紫水晶の器で葡萄酒（ぶどうしゅ）を飲むと二日酔いをしない。

白い水晶は乳の出をよくする。揺りかごを黒檀という黒い木でつくり、赤ん坊を寝かせると、闇の恐怖に脅えず夜泣きをしない。このような理屈を、古代以来のヨーロッパの医術史に詳しい大槻真一郎氏がホメオパシー（同類療法）という概念で説明しているのは、不合理のなかにも合理性のあることを教えてくれる興味深い見解である。[18]氏の説明はつぎのようである。

病気の治療には対症療法と同類療法とがある。対症療法とは、高熱には解熱剤で熱を下げ、痛みには鎮痛剤で痛みをとるというように、不快な症状を緩和する療法である。これに対し、同類療法とは、似た作用を起こす劇薬・毒薬によって治す療法のことである。あらかじめ菌を体内に入れて免疫をつくる予防注射も、同類のものによって治すという意味で同類療法である。このようにして、赤いものが赤いものに効くという中世の考えかたも一種の同類療法であり、大槻氏はこれを同類感応ということばで説明している。ダイヤモンドが骨折を防ぐという効能も、硬いものが硬いものに効くという同類感応である。歯痛のときには、白珊瑚をくだいて水に浸し洗えば治るというのも同類感応であろう。このように考えることができるなら、迷信としか思えない宝石の効能にも理屈がないわけではなさそうである。実際、鉱物誌の効能のなかには科学的な裏づけのありそうなものもある。たとえば、サファイアをすりつぶしてミルクと一緒にして傷口に塗ると腫物がひくという効能があるが、大槻氏によればサファイアの成分（aluminium sulphosilicate, chlorosilicate）に治療効果があったかもしれないという。鉱物誌の世界を迷信で片づけるわけにはいかない。

支配者の赤い衣を追いながら、赤が権威や権力と結びついたことを述べてきたことは特別のことではない。しかしその赤をたどっていくうちに、お守りとしての赤に行き着いたところに、現実に生きている人びとのこころの内がみえてくる。

つまり、権威と権力を示す高貴で気高い赤が好まれたのは、その裏にはそうしたちからを維持してくれる赤の現実的な効能があったからという気がしなくもない。フランス王が出陣の際に持ち歩く赤い旗は、権威のしるしである以上に戦勝を祈願するものであり、背後には負傷の際の治癒力を期待した人びとの正直な気持ちがあったようにもみえる。支配者にとって、騎士にとって、血を流して闘うことが彼らの最大の使命であり、武勇を誇ることが彼らの徳目を代表する。ゆえに赤はなによりも血の色を示し、勇敢さや大胆さのシンボルとして赤が紋章に好まれたのだろうが、しかしながら負傷の血は止めなければならない。そのために赤い色は必要であった。もちろん、権威のしるしであるがゆえに、護符としての効能も絶大になったということもあろうが、逆に護符としてのちからの大きさゆえに権威のしるしとなったと言うことも可能である。要するに両者は裏腹の関係にある。権威や権力という強面の赤のイメージの背景に、健康でいたいという、切実な人びとの願いをみるような気がする。

第Ⅲ章　王から庶民までの青

蛮族の色から聖母マリアの色へ

第Ⅰ章で触れたように、青はもともと雑色性の強い色で、影の薄い存在であった。このことは「バーリンとケイの法則」を思わせる。文明化とともに白と黒、そして赤・緑・黄（あるいは黄・緑）・青の順で色の認識が増えるとする彼らの主張は、青の認識を遅いものと位置づけていたからである。実際、ヨーロッパの歴史のなかで、青が脚光を浴びるようになるのは、ようやく中世の一二世紀になってのことである。マリア信仰の隆盛とともに、青が聖母の衣の色となり、さらにフランス王室がこの色を王家の紋章の色として採用し、ここにようやく青の価値が決定した。このような展開を「青の逆転」あるいは「青の革命」と称して語っているのが、パストゥロー氏の『青の歴史』（二〇〇〇年）である[1]。以下、簡単にまとめてみよう。

古代ローマ人にとって青は蛮族の目の色であり、あるいは蛮族が敵を威嚇するためにからだに塗った藍染料の色であり、ゆえに好ましい色ではなかったという事情も、青の存在を薄いものとしたのだろう。しかし、ヨーロッパ大陸の中央部で開花したキリスト教文化のなかで青は一挙に価値を上昇させた。イエスの死を嘆く聖母マリアの衣の色は、それまで黒でも、灰色でも、茶でも、すみれ色でも、青でも、緑でも、暗い色ならなんでもよかったのが、一二世紀にほぼ青に定着した。そしてその聖母の青い衣を描くための顔料をラピス・ラズリという鉱物に求めたから、ここから中世に青色を指してもっともよく使われる「アズュール（azur）」という色名が生まれた。主産地はアフガニスタンで、中東から運ばれるこの美しい青色顔料は値の張るものであったが、聖母像を描かせるパトロンの威光を示すには、近隣のドイツなどで産する安価な藍銅鉱（アズライト）では不足で、この顔料を使う必要があった。

一方、今日「シャルトル・ブルー」と呼ばれて知られている、コバルト顔料による鮮やかな青のステンドグラスが大聖堂を飾るようになったのも同じ頃である。青いステンドグラスにことさらに関心が寄せられたのも、聖母の色として青が価値を高めたゆえであり、聖母に捧げられたシャルトル大聖堂がこの色できわだったのも当然であろう。さらにフランスのカペー王朝が青地に金の百合の花を王家の紋章としたのも、マリア信仰に起因する。百合の花は聖母マリアのしるしであり、聖母へのとりなしの役を担った国王が、それゆえに青という色とともに採用したからである。フィリップ・オーギュストの一一八〇年の即位式ではじめて、百合の花をちらした青い衣裳が王衣として用いられ、青い衣は王のシンボルとして近代にいたるまで機能することになる。

王の色となった青は、当時の物語文学に登場する伝説の王アーサー王にまで及ぶ。アーサー王は三つの金の王冠がついた青い紋章をもつ。権威の色としての古代の赤の地位を青が奪ったともいえるが、とはいえ、ドイツやイタリアなどの文化圏では、古代ローマ時代の貝紫による赤の伝統が強く、青は容易には優位を得られなかった。

以上はパストゥロー氏の俯瞰する青の歴史であるが、じつはここにも青の色調に関する微妙な問題が横たわっている。フランス王が着る紋章衣が、はたして青なのか、それともすみれ色なのかという問題である。

青かすみれ色か

フランス王の紋章を説明する記録は、たしかに上記の「アズュール」ということばで説明されるのが常である。今日に残された写本の挿絵に描かれている紋章をみても、濃淡はさまざまでもたしかに青の範疇の色である（図Ⅱ-2＝口絵、図Ⅲ-1、図Ⅲ-2＝口絵）。ところが、じつは即位式の式次第を述べた勅令の文書には、紫を示すと思われるラテン語の hyacinthus と、これに対応するフランス語のすみれ色、violet が使われている場合がある(2)。紋章用語は金・銀・赤・青・黒・緑の六色で完結するから、たしかにすみれ色は青に吸収されているのだろう。一方、一三世紀末のギヨーム・デュランの教令集には「ヒュアキントスは天空と結び、ゆえに天上の青である」という記述があり、ここでは hyacinthus は青空の青色を示すことになる。いったい hyacinthus と、対応するフランス語の violet はすみれ色なのか青なのか、そしてフランス王家の紋章は青なのかすみれ色なのか。この混乱には、王家の紋章についてもっぱら調査してきたエルヴェ・ピノトー氏も多いに困惑し、問題は未解決のままである(3)。

III-1《フランス王》(『金羊毛騎士団の大紋章集』1433−1435年、パリ、アルスナル図書館Ms. Ars. 4790, f. 47v)

王室の紋章の色が青でも紫でもよいというのは、私たちには理解しにくいけれど、おそらく両者の色のニュアンスを中世人は明確に区別していなかったということなのだろう。すみれ色は、第Ⅷ章で述べるように、一五世紀になると衣服の色としても、紋章(ただしドゥヴィーズという遊戯的紋章)の色としても、記録に頻出するようになり、紫色(すみれ色)へのあきらかな関心が認められるようになる。聖母マリアの喪を示す衣が、暗い色なら青でも緑でも黒でもなんでもよかったのが、青に限定され、青色が他の色からはっきり区別されたのが一二世紀であるなら、一五世紀にすみれ色が青から区別されるようになるといえる。

農民が身にまとうペール

さて、フランス王の衣の色である高貴な青のイメージのもう一方には、貧しい庶民の衣服を代表する藍染料の青がある。もちろん王衣も同じ藍染料を用いているが、こちらは染めを重ねて濃く、むらなく染めた美しい青であり、それに対し、庶民の青は色褪せた感じの青い服である。同じ青色でも庶民の服から王衣まで青の世界には幅がある。あらゆる階層の人びとにまとわれた青は、それゆえに多彩な生活感情を反映している。中世のひとは青色にどんな感情を託し、また青い服に何を読んだのか。

例によって『色彩の紋章』が青をどのように定義しているのか、紹介することからはじめよう。シシルによる第一部は、青（アズュール）がフランス王室の紋章の色であるという説明にほぼ終始し、「キリスト者たるフランス王が、神の誉れを伝えるために、天の静謐を示す青を用いることが誠に適っている」という内容を延々と述べている。(4) そのようにキリスト教とフランス王の権威を語る第一部に対し、第二部は、人びとの生活に密着した、より繊細な青のイメージを示している。ブルーとアズュールのほかにペール（pers）、インド（inde）という青色を示すことばを挙げ、青色のニュアンスを書き分けるとともに、「青は誰の身につけられるべきか」という節では、青い服が娘と村人とイングランドの人びとを特徴づけるとも読める、つぎのような解説をしている。

ブルーやペールは娘が帯や組み紐に、また特に村人が帽子や長衣(ローブ)、上着(プールポワン)や脚衣に使う。この色はイングランドのひとにかれらのしるし(リヴレ)として使われるのが普通である。虹の色の一つであることは知っておくべきだろう。紋章ではアズュールと呼ばれ、騎士が盾にこれを使う。亡くなったひとの家ではペールを張り巡らす[5]。

娘と村人とイングランド人になぜ青が適っているのかを解くには、まず青い布の染色について知っておく必要がある。引用のなかで言及されている「ペール」とは、「ペルシア」ということばから派生し、つまり本来はペルシア・ブルーを指したと推測される色名である。今日では青と緑の中間色を指して使われる。中世のペールは色名であると同時に織物名でもあり、本書がたびたび言及する王侯貴族の家計簿や財産目録に記されている青い布とは、ほぼこのことばで登場する。前章でスカーレットに関し紹介した布地の価格において「青い布」と示したのも、このペールである。つまりペールとはフランドル産の毛織物で、大青(たいせい)という植物から得られる藍染料で染めた布である。

ヨーロッパの藍染料は、学名をIsatis tinctoriaというアブラナ科の多年草の「大青」から得られる。葉にふくまれているインディゴの成分が青色染料をもたらし、その点で日本の藍染料と同じであるが、日本の藍はタデ科の一年草から得られるものがほとんどである。大青は五月にたくさんの葉をつけるので、それを摘み、挽いて発酵させた後、丸い塊すなわち藍玉にして陽に当てて乾燥させ、市場に出される。大青の栽培と藍染料の取り引きは中世ヨーロッパを代表する産業であり、栽培地は各地に広がっていた。ドイツのテューリンゲンがもっとも有名であるが、フランスでは北部のピカルディー地方や南部のラングドックやアルビジョア地方、イタリアではロンバルディアやウンブリアの中・北部など産地はどこにでもあった。したがって藍は中世でもっとも広く使われた染料で、ヨーロッパのみならず中近東にまで運ばれている。ついでながら、絵を描くときに使うパステルはじつはこの藍染料にちなむことばである。

藍の色調は、洗槽に何回浸けるかによって、明るい青から濃い青までのさまざまな濃淡が生まれる。[6]藍といえば、いわゆる藍色の濃い青を思い起こすけれど、一六―一八世紀のタピスリーや服飾遺品にはきわめて明るい空色の藍染めも見出せる。中世のペールにもさまざまな青の色調があったのであろう。『色彩の紋章』には、ペールはブルーほど濃くはないと述べるところがあり、色名としてペールはブルーより明るい青色を指すようでもある。したがって暗い色調であるべき喪のしるしとして、先の引用の最後でペールを張り巡らすとあるのは、色というより布の名として使われているのかもしれない。

ペールには、色調の差のほかに染色の質に幅があったようである。というのは、前章に示したペールがオーヌあたり八スーから二八スーと、他の布にくらべて大きな価格の幅が見られたからであり、王侯貴族の衣裳調達の記録ばかりか、庶民の物品リストにいたるまで幅広く現れる織物名だからである。しかも貧しい階層では着用した布のほとんどがペールであったことが知られている。

当時は貧しい農民にいたるまで、死後に残したわずかながらの財産をリストにする習慣があった。脚が三本しかない椅子とか色褪せた衣服とか貧しい所持品リストであるから、色に関する説明が充分にあるわけではないが、わかる範囲の色の多くはペールである。一四―一五世紀のブルゴーニュ地方の記録を調査しているフランソワーズ・ピポニエ氏の報告によれば、たとえば一四世紀後半、農民の死後財産目録で確認できる男性の衣類の一九点のうち一六点（服が七点、被り物が七点、脚衣が二点）がペール、女性服の五七点のうち二八点がペールで、男性の場合は大半が青である。ディジョン市に暮らした市民の目録では色数は増えるが、それでもさまざまな色のなかでペールがもっとも多い。男性服の四四五点のうち一二四点がペール、女性服の三九六点のうち九六点がペールである。[7]

一方、『色彩の紋章』第二部が挙げているもうひとつの青色、「インド（inde）」とは、インドからもたらされるインド藍にちなむ色名である。青色を示す色名として一二世紀に文学作品などに頻出しているから、ヨーロッパには早くから少なからずもたらされていたように思われるが、特にスペインやイタリアで絹を染めるのに使われたらしい。ヨーロッパの藍商業が一六世紀に廃れてしまうのは、インド藍が大青の藍に質において勝り、ヨーロッパに大量にもたらされるようになった結果、毛織物業者もインド藍を使うようになったためである。南米産のコチニール染料がケルメス染料を凌駕したのと同じような事情である。

さて、以上のような染織事情から、村人が青い服を着るという『色彩の紋章』の説明は、要するにヨーロッパ中世の庶民の衣服を代表するものが青い服であったということを示している（図Ⅲ－3、図Ⅲ－4）。では、『色彩の紋章』がさらに娘とイングランド人にとりたてて言及しているのはなぜか。それを知るには、青色に対して中世人がどのような感情を抱いていたのか、さらに調べてみなければならない。まず『色彩の紋章』が青の意味をどのように定義しているか、第二部から引いてみよう。「ブルー、ペール、アズュールとそれらの仕着せについて」と題する節につぎのような説明がある。

III-3《6月の暦図》（『ベリー公のいとも豪華な時禱書』1411–1416年、シャンティイ、コンデ美術館）

ブルーは……徳目としては善良、良き礼節、友愛、礼儀を意味し、また嫉妬を意味するというひともいる。仕着せとして、この色が灰色とともにつけられるなら、貧困から富裕へ、もしくは富裕から貧困への移行を、また過剰な識知ゆえの無情を示す。すみれ色となら愛における

III-4《羊飼い》（《キリストの降臨と勝利》部分、ハンス・メムリンク（1433–1494年）画、1480年、ミュンヘン、アルテ・ピナコテーク）

分別、淡紅色となら、清廉なことがら一切に巧みかつ的確、タンニン色もしくは黄褐色となら逆境における忍耐を示す。この色は若い娘が身につけるのにふさわしく、たいそう美しい(8)。

正負さまざまな意味が配色との関係でも語られており、なかなか複雑であるが、ここでも娘にふさわしいことがくりかえされている。タンニン色もしくは黄褐色と合わされるときには、逆境における忍耐を表すと説明するところは、第V章で詳述するように、黄色系のこれらに逆境という意味があるからで、青は忍耐という意味なのだろう。灰色との組み合わせが、貧困と富裕のあいだの境遇の変化であるのは、第Ⅷ章に引用するように、灰色は色調の違いにより、希望の色にも絶望の色にもなるというこの色の性格に関係するのだろうか。そして、白っぽい灰色は無情を表すとあるから、識知が過剰になると無情になるという説明では、青が識知を灰色が無情を示すだろう。そうであれば、すみれ色は愛を、青は分別を示す。淡紅色との組み合わせについてはわかりにくいが、青に清廉さを否定する意味はないから、青が清廉を示すとみてよい。

以上から公約数を見つけることは難しいが、どうやら識知あたりに重点があることは、つぎの「置かれる場所による色彩の意味小論」と名づけられた節の説明も合わせてみればはっきりする。

> 青は男性が身につければ学識。女性では礼節。子どもでは悪賢さ。のぼりでは戦闘できわだつこと。部屋や宮殿、その他の建物の天井では天空を示している。(9)

学識、識知、分別といった理性には、悪賢さという性格を加えてよい。いずれにしても青はインテリジェンスを示す色である。そして両者の引用に共通し、青のシンボルを特徴づけているもうひとつの意味が礼節という美徳である。女性が身につければ礼節を示すとあるから、ひとつ前の引用で青が若い娘に勧められていたのはそのためかもしれない。もちろん、清廉という意味も若い娘にはもってこいの美徳である。ここではとりあえず娘に青色がふさわしい理由を以上のように理解しておこう。イングランドのひとになぜ青がふさわしいのかは、さらに広く青のイメージを探索しなければならない。

誠実を示す色

『色彩の紋章』が書かれるよりも一世紀ほど前の一四世紀半ばから末にかけて、色のシンボルにこだわって小説を書いた作家に、フランス宮廷で活躍したギヨーム・ド・マショーがいる。宗教曲・世俗曲の作曲のほかに詩や物語を書き、そのなかに自身に起こった本当の話という意味で『真実の書』（一三六三―一三六四年頃）と命名された愛の物語を書いたことは、すでに序章でやや触れた。くりかえすけれど、この小説のなかに恋の誕生を意味する緑と、誠実な愛を表す青の二つの色が恋人たちの感情に訴える微笑ましいエピソードがある。

恋人たちといっても主人公のギヨームは老練な詩人として評判のすでに六〇歳を過ぎた老人、一方のペロンヌは地方の女領主を称する一八歳のうら若い貴婦人である。ペロンヌは作詩の指導と添削をギヨームに求め、二人の往復書簡がやがて本物の贈答歌になるというストーリーである。そして待ちに待った二人に出会いのときが訪れた日、ギヨームの前に現れた彼女は鮮やかな青いドレスをまとい、そこには可愛らしい緑のオウムの立ち姿がちらされていた。そんな服装をみたギヨームは心中密かに喜びながら、つぎのようにドレスの色の意味の説明をする。模様のオウムの緑はペロンヌの恋心を、そして青はその恋心が誠実であることを彼女は私に伝えているのだと。

物語の後半にもう一ヵ所、二人の恋があやぶまれるところに緑と青のエピソードがある。二人が文通をつづけているうちに、九週間、彼女からの音信が途絶えた。不安にかられ、猜疑心にとらわれたギヨームは、彼女が「青の代わりに緑を着ているのではないか」と疑う。

そしてうたた寝のなかで見た夢のなかで彼女は全身すっかり緑の衣をまとい、彼に顔を背けていた。彼女の心変わりが青い衣を脱がせ、緑の衣を着せたというのである。恋の色である緑は変動の色であり、対して青は不動の色であるというのも、ギヨームが少なからず使う色のシンボルである。

欺瞞の証し

恋を表す緑の意味については次章に譲ることにして、ここでは青に注目しよう。青が変わらぬ誠実な愛を表すことは、ギヨーム・ド・マショーの作品の世界に限るのではない。このような青のイメージは当時の人びとに共有されていた。それを示してくれるのは、ギヨームよりやや遅れて一四世紀末から一五世紀はじめにかけて活躍した女流詩人クリスティーヌ・ド・ピザン（一三六四―一四三一年頃）の詩である。『恋人と奥方の百のバラード』の一編は、女を口説く男と、男の不実を詰る女の二人の掛け合いに、「誠実の青」をキーワードとして登場させている。

愛する女(ひと)よ、どうしてわたしを疑うのですか？
ご覧のとおり、あなたのために飾り紐をつけ、
あなたのひとりを除いて誰も望まず、
わが振る舞いには誠実さを、

衣服には青の標章をつけておりますのに？
それが変わらぬわたしのしきたり、
はっきりと見そなわせ。
あなたを愛していることは一目瞭然。

……

女性を愛するということは、青を着ることではありません、
標章をつけることでもありません。ただひとりの女(ひと)に
誠実かつ完全無欠な心でお仕えし、
誇りからお護りすることです。
恋する男は、誰にもまして慈しみ、ゆえに思い煩う、
その美しき女(ひと)にのみ、思いを伝えねばなりません、
まなざしや表情をほかの女性(にょしょう)に向けることなく。
それが愛なのです、青を着ることではありません。(10)

男は誠実に愛していることを女に示そうとして、青を身につけている。しかしながら女には、男のその青色が疑わしくみえる。つまり、この詩には青が誠実な愛を示すという、当時の人びとに共有された色のイメージが示されているとともに、今度はその青が欺瞞の証しのようにもみえるという意味の転換が暗示されている。少なくとも奥方の胸のうちでは青は男

の欺瞞のしるしである。実際、青を着ていれば嘘を隠しおおせると思っているひとがいると、奥方はこの後で疑いをいっそう強めている。

ブリューゲル《青いマント》は何を示すか

こうして、青は欺瞞とか偽りという、誠実とは正反対の意味をもつようになる。このような青の負の意味が一六世紀のネーデルラントできわめてはっきりしたものであったことは、ブリューゲル研究家の森洋子氏が指摘している。[11] すなわち、「青いマント」という言いかたは世の誤謬や偽りの代名詞として使われていたという。氏によれば、ピーテル・ブリューゲル（一五二五／三〇―一五六九年）の作品《ネーデルラントの諺》は今日ではこのように呼ばれているが、作品は「世の誤謬」をテーマとしており、もともと《青いマント》と呼ばれていたらしい。作品を入手した一七世紀の商人がこの絵を《青いマント》と呼んでいたという事実が記録に残されているからである。あるいはブリューゲルの時代に、「《青いマント》と大抵は呼ばれているが、《世の誤謬》と呼ばれるのがふさわしい」と証言されている版画もあるのだという。

それとは別に《ネーデルラントの諺》の画中には、「夫に青いマントを着せている」妻の姿が描き込まれている。真っ青なマントですっぽり覆われた夫はどうやら老人らしく、杖がマントに見え隠れしており、背後からマントを被せている赤い服の妻の姿はいかにも若々しい（図Ⅲ－5）。つまり「青いマントを夫に着せる」とは、妻の欺瞞、不倫を表している。

III-5《ネーデルラントの諺》部分（ピーテル・ブリューゲル画、1559年、ベルリン国立美術館）

じつは一五世紀のフランス語にも「寝取られ亭主は青い服を着せられる」という言いかたがあり、ブリューゲルの絵はまさしくそれを描いている。森洋子氏によれば、一方で同じブリューゲルの別の作品《十二のネーデルラントの諺》には「青いマントのなかに身を潜める。身を隠そうとすればするほど、知られてしまう」という銘を伴った図があるという。この銘は、男が青いしるしを強調すればするほど、女には疑わしく映るという、先に引用したクリスティーヌ・ド・ピザンの詩の内容そのものであろう。

要するに一五世紀から一六世紀にかけて、青色は男女間の不実を表し、さらに広く世間の偽りを示すシンボルであったということである。このような意味について『色彩の紋章』は触れてはいないけれど、「嫉妬を意味するというひともいる」という記述が、このあたりの意味のヴァリエーションを示しているのかもしれない。

チェーザレ・リーパの『イコノロジーア』（一五九三年初版）の〈嫉妬〉という名の女性

の青い衣について考察した伊藤亜紀氏によれば、嫉妬と青が直接結びつく例はないものの、イタリアでも一六世紀には不実と青が結びつく例は少なからずあるという[12]。たとえばルドヴィーコ・アリオストによる叙事詩『狂えるオルランド』（一五三二年）には騎士グリフォーネを裏切って新しい恋人のマルターノに心を移した美女オリジッレが「不実な女」と冠され、物語の全体で青をまとって登場するという。このような女性の心変わりは第Ⅳ章に述べるように、一般には緑色の領分である。ギヨーム・ド・マショーの『真実の書』も、誠実な愛を青で表していたのに対し、心変わりを緑色で示していた。ゆえに緑が変動の色であるのに対し、青は不動の色であるというのもよく知られた青の意味だが、以上のようにみてくると、青は誠実な愛も心変わりも意味することになる。

騙すひとと騙されるひと

ところで、上に述べた例はいずれも欺瞞という意味で共通しているが、「夫に青いマントを着せる」という諺では騙されたひとが青を着ているのに対し、オリジッレの例やクリスティーヌの例では騙すひとが青を着ている。「青いマントに身を潜める」という諺でも同じく騙そうとするひとが青を着る。誠実という青の意味がまるで逆の欺瞞という意味へと転換してしまうことを考えれば、騙すひとでも騙されるひとでも、それはどちらでもよいことなのかもしれない。

とはいえ、騙すひとの青と、騙されたひとの青とでは、ずいぶんと違うような気がする。

騙す人間の狡猾な青色にくらべて、寝取られ亭主の青色はいかにも間抜けなイメージがするではないか。フランス語に、殴られて蒼い痣(あざ)をつくるというのが原義で、蒼白になるという blêmir という動詞がある。その名詞形のことばは蒼い痣・傷という意味だが、さらに精神的な傷・汚点という比喩的な意味をもっている。妻を寝取られた夫の不名誉が蒼い痣にたとえられたということはないだろうか。あるいは、あまりに誠実すぎる夫は知らぬ間に妻に欺かれるという意味で、寝取られ亭主の青いマントはやはり誠実さを表す青なのだろうか。というのも、女は性悪で悪賢いといういわゆる女性蔑視(ミソジニー)の思想は中世には特に顕著で、その議論のなかでクリスティーヌ・ド・ピザンが女性擁護の論陣を張ったという経緯があるからだ。クリスティーヌ[13]の詩を理解する上で、このことに触れる意味もあろうから、以下に若干の説明を加えておこう。

　中世の女性蔑視観は、アダムとイヴが神の掟に背き、天国を追われたという聖書の話に由来する。アダムに禁断の木の実を勧めて天国を追われる原因をつくったのはイヴであり、ゆえにイヴの子孫である女は性悪と断罪される。教会人のことばには、したがって女性蔑視がきわめて露骨で、説教にも「羊のように大人しくあるべき女が雌獅子のようで、ズボンを穿きたがる」といった類のことばが聞かれる。「ズボンを穿く」とは、今日なお諺に残っているように、亭主を尻に敷くという意味である。夫婦の諍いはいつの世も同じではあるが、中世のドイツでは夫婦が棍棒をもって戦い、諍いに決着をつけるという決闘裁判に持ち込まれることも少なくなかったようである。そのような夫婦の諍いが諷刺されるとき、勝利をおさめるのは当然ながら夫であり、妻は戦いに負けてようやく大人しくなる。[14] 女は狡猾で貪欲、嫉妬深く気紛れで、虚栄心にとらわれ、不誠実で従順でない。

こうした女性観をぞんぶんに盛り込んだジャン・ド・マンによる『薔薇物語』後編をめぐって、擁護派の国王秘書官らと論争をくりひろげたのがクリスティーヌ・ド・ピザンである。女だてらに、うぬぼれもはなはだしいと批判する擁護派に対し、クリスティーヌは、あらゆる奸策を弄して女性を騙し、ものにしようとする男の好色な態度こそ非難されるべきとやり返す。論争は互いに譲らず物別れに終わったようだが、擁護派の感情論に対して、女性蔑視が若者への反結婚観を植えつけるといった弊害を説いたクリスティーヌの方がいくぶんかは勝ちであったようである。

薔薇物語論争に示されたように、クリスティーヌが男性に強い不信感を抱いているのなら、先の引用のバラードの内容は不実な男を詰るといった単純な恋愛詩ではなくなる。男の身につけられた青色は、広く女性の男性に対する不信感を示すとともに、その原因となった男の女性蔑視観をも暗示するものである。大袈裟かもしれないが、青は男女間の緊張を語る色ということになる。

「呑兵衛で軽薄なイングランド人」の色

『色彩の紋章』がイングランドの人にあえて言及したのはなぜか、答えを出さねばならない。以上の例からは未だ結論は出ないけれど、騙された夫の腑甲斐なさや不名誉に結びつく青の意味の延長にあるような気がする。村に住むひとへの蔑視は文学作品の常套表現によってよく知られているが、同時にウェールズやアイルランドの人たちに対する軽蔑感にも出会うからである。[15]

アーサー王の物語でも、その他の文学でも、宮廷を舞台にした作品には、貴族階級にないものを軽蔑を込めてヴィラン（vilain）と呼ぶ言いかたが頻出する。貴族に対する平民という意味であるが、ことばの本来は城塞で囲まれた町の外側、すなわち村に住む人たち（villanum）という意味で、田野に住む貧しい農奴たちを指す。そしてこのことばは、彼らが下層階級に位置することばかりか、彼らの肉体的な劣等性、さらに卑怯といった精神的な卑しさまでを示唆することばである。彼らに対する蔑視は、たとえば一三世紀のドイツで書かれた『ヘルムブレヒト』という農夫の物語がよく示している。農民の息子ヘルムブレヒトは騎士に憧れ、貴重な家財を売り払って作った豪華な服を着て、騎士になるべく家を出る。やがて騎士の一団に入ったと思ったのがじつは盗賊団で、強盗の罪で捕まった彼は刑を受けるという話で、農民の身のほど知らずを嘲笑し、身分秩序の逸脱を戒めた話である。[16]

一方、イングランドにどのような感情が抱かれていたかは、ノルマンディー公ウィリアムが一一世紀にイングランドを攻略した記憶があり、おそらくフランス人はイングランドに対し優越感をもっていた。一三世紀に国民性を述べた、つぎのような一連のことばのなかでも、イングランドと周辺の国の人たちには軽蔑的な性格ばかりが述べられている。

最も賢い人はロンバルディアの人である。
最も賢い商人はトスカーナの人である。
最も怒りっぽい人はドイツ人である。
最もすばしこい人はフランス人である。
最も愚かな人はブルターニュの人である。
最も征服欲のある人はノルマンディーの人である。
最も美しい女性はフランドルの女性である。
最もハンサムなのはドイツ人である。
最も大きな人はデンマーク人である。
最高の呑兵衛はイングランド人である。
最たる乞食はスコットランドにいる。
最も野蛮なのはアイルランド人である。
最も軽薄なのはウェールズの人である。(17)

イングランド人は呑兵衛で、ウェールズ人は軽薄、スコットランド人は乞食、アイルランド人は野蛮と、イングランドと周辺の国々、すなわちブリテン諸島の人びとは、さんざんな書かれようである。征服欲のあるノルマンディー人とは、やはりウィリアムのイングランド征服の記憶があるからだろう。フランドルの女性が美しいのは、もちろん毛織物産業でこの地が栄え、きれいな着物を着ることができたからである。イタリアの人びとが賢いのは金融業が発展した情況を示しており、ここに記されている国民性は当時かなり普遍的なものであっただろう。とすればイングランドの人びとに対する蔑視感もこの通りであろう。これらは一三世紀のことばであり、百年戦争で英仏が対立している一四—一五世紀にはこのような印象がすべてではないかもしれないが、とはいえこのような印象が消失したとも思えない。

イングランド人が青を着るとする『色彩の紋章』の説明は、要するに貧しい人びとの着る青い服というイメージの延長にある。物質的な貧しさだけではなく、そこには精神的な劣等性も示されている。軽薄なウェールズ人の愚かさというようなものである。若い娘にふさわしいとする見解も、このイメージの世界に入るのかもしれない。物語文学がテーマとした宮廷風恋愛（アムール・クルトワ）では、既婚の女性と若い男性の恋が称揚され、生娘には何ら価値を認めないのが中世の女性観でもある。

さて、寝取られ亭主と村人とイングランド人の愚かさが青で示されているとするなら、青が識知を示すという『色彩の紋章』の説明とはまったく逆の結論が出たことになる。すなわち識知と愚かさの相反する両者を同時に示すというのが、中世の青色のシンボリズムである。そもそも青は国王の色であり、同時に庶民の色でもあるという矛盾から本章の青色の意味論ははじまった。そして青は誠実な愛の色であると同時に心変わりの色でもあった。さらに騙すひとの色でもあり、騙されるひとの色でもあった。そうであるなら、識知と愚かさの両者を青が示してもいっこうにかまわない。青の意味の逆転につぐ逆転には、男女の恋愛感

第Ⅳ章　自然感情と緑

森が育む緑のシンボル

緑は自然の草木の色であり、初夏の美しい新緑の色である。初夏の色である緑は、人生のサイクルでいえば青春の色であり、ゆえに恋の色である。しかし、季節がめぐると緑の葉も紅くなって落ちてしまうから、このような色の変化は長続きしない変動の色という意味をもたらす。月並ながら緑の意味はすべてこのような自然感情に由来する。しかし中世ヨーロッパの風土はきわめてはっきりとした緑のシンボルをつくりあげた。

ヨーロッパの大地は今でこそ広々とした畑や平地の広がる風景を見せているけれど、これは開墾によってもたらされた風景で、古くはいたるところで深い森の広がった地域であった。中世の森は鹿や狐を追う狩猟の場であり、ドングリの実を食べさせて豚を太らせる飼育の場である。このように人びとに恵みをもたらす森は、一方でグリム童話などに恐ろしい森の話があるように、恐怖と脅威の世界でもあった。森は追い剝ぎや盗賊が出没し、狼などの野獣が旅人を襲い、妖精や怪物など無気味な生き物が住む異界である。(1) 映画『ロード・オブ・ザ・リング』(二〇〇一―二〇〇三年)の原作、J・R・R・トールキンの『指輪物語』(一九五四―一九五五年)が描いた世界はまさに、このような中世人の心のなかの森の世界なのであろう。森の木々があたかも人間のように動き、そして森が迫ってくるという感じかたは、中世のひとが森の神秘と恐怖に圧倒されていたことをよく伝えている。

中世人のこのような森のイメージは、緑色に対する正負の感情をつくりあげた。樹液したたる春の草木の緑は生命の根源であり、一方で人食い鬼のシュレックに緑色の肌を与えねばならなかったように、緑は魔物の色である。緑色にまつわる、中世ヨーロッパのきわめてはっきりとした正負の感情は、森とともに生きるヨーロッパの人びとの生活感情から生まれたものである。

自然に対する感情が、どのようにして緑のシンボルを生み出していったのか、そしてホイジンガが述べたように、あまりにもはっきりした緑のシンボルがはたして中世のひとに緑の服を着ることをはばからせたのかどうか。事情はむしろ逆で、緑の服を着る限られた機会がこの色のシンボルをたしかなものにしたように思われる。

青春と愛の色

まず『色彩の紋章』第二部が緑色をどのように定義しているのかを紹介し、緑色のイメージの要点を整理しておこう。緑色については、三ヵ所にまとまった説明がある。最初は白や赤など主要な色について述べたなかの「緑色とその仕着せについて」という節である。顔料などに触れた最後の部分をのぞいて以下に抜粋するが、緑には青春、快楽、歓喜、愛など好もしい意味ばかりが並んでいる。緑が草木の色であることのほかに、宝石の色でもあることが引き合いに出されているが、これは他の色の解説でも同様で、貴石に対する中世人の関心を示している。赤の章で述べたように、宝石は病気や災いを避けるさまざまな効能をもつと信じられ、それらを記した鉱物誌は中世にたいそう流布した。緑色が視力の回復によいという説明はまさしくそのことで、これはエメラルドの最大の効能である。

> 緑色は、乾きと湿気の中間にある物質にあって熱によって生じる。しかし葉や果実や木々からわかるように、この色には乾きよりむしろ湿気の傾向がある。そのために緑色は黒っぽい。緑色は眼に心地よく、眼に大きな歓びをもたらし、そして眼に緑を眺めるよう促し、力づけ、眼が疲れていれば見ないようにさせる。この色はつねに陽気で、青春の色である。木々、野原、葉、そして果実を表している。石ではエメラルド、碧玉（ジャスパー）、メディア石、孔雀石（マラカイト）、緑石英（プレーズ）、緑水晶（クアドロス）にたとえられる。いずれも貴石である。この色は美、歓喜、愛、快楽、永続を意味する。七つの秘跡では結婚の秘跡を表す。金属では鉛にたとえられる。
>
> 仕着せでは、青と置かれれば見かけの歓びを、すみれ色となら愛の歓び、淡紅色となら名誉への期待、タンニン色となら笑いと涙、灰色となら愛におののく青春、黒となら節度ある快楽を意味する。この色は時間とともに変化し、愛が定まらぬものであることを意味している[2]。

永続を意味すると言いながら、最後に愛の変わりやすさを示すとも言い、このように整合性や論理性がまったくないのがこの著作の特徴ではある。とはいえ、当時の人びとの緑色に対する好もしい感情はここに言い尽くされている。同じような意味は、著作の末尾近く「置かれる場所による色彩の意味小論」でもくりかえされている。

ひとの身につけられた緑は陽気と楽しみを意味する。旗やのぼりでは戦闘からの解放と歓喜を意味する。子どもでは若さ。女性では愛。絵画の技としては、他の色を引き立たせる。(3)

この箇所では、緑が子どもの色として言及されていることに注意しよう。若さを表す緑色は青春の色であり、子どもの色でもある。もう一ヵ所「緑は誰の身につけられるべきか」の節では、緑の服を着るのは五月で、この月をのぞけば緑を使うのは付属品くらいであると読める、つぎのような記述がある。

緑は陽気で決断力のある若者によって身につけられる。普通は帯や靴下留めなどの色として使われる。五月になれば、緑以外の色を着ている人は見かけられないだろう。もっとも好んでこれを身につけるのは、婚約中の、あるいは結婚したばかりの青年や娘たちである。かつては冒険を求めて行く騎士はこの色を身につけたものだ。虹の色の一つである。[4]

緑色はたしかに青春と愛の色であり、さらに歓喜と結婚、そして子どもと五月というキーワードが並ぶことに違和感はない。とはいえ、これらの概念をいかにして緑色が獲得したのか、その経緯を探索することによってはじめて、中世人の自然感情が浮かび上がってくる。まずはヨーロッパの季節感から見直してみよう。ヨーロッパの人びとにとって五月とはどのような季節だったのか。

ヨーロッパの季節感と五月

北ヨーロッパの人びとにとって五月は、長く厳しい冬を乗り越えて迎える喜ばしい特別の季節である。つまり緯度の高い寒冷の地域では、日本の風土のように春夏秋冬の四季がバランスよくあるのではなく、一年を冬と夏の二季で感じさせるような気候にあるから、冬から夏への狭間に位置するのが五月なのである。

このような季節感は、春という意味で使われていることばの由来からもよくわかる。春を意味する英語の spring, フランス語の printemps は、いずれも「源」「はじまり」というのが本来の意味で、ヨーロッパのことばで「春」というのは「夏のはじまり」というのがもとの意味なのである。ヨーロッパの人びとにとって春や秋は、冬から夏へ、あるいは夏から冬へ季節が移行するきわめて短い時期であるにすぎない。このことは、フランスでもイギリスでもドイツでも暮らしたことのあるひとなら実感としてよく語られることである。

ちなみに、パリの緯度は北海道の最北端よりさらに北の樺太サハリンに匹敵する。幸い海に流れる暖流のおかげでサハリンのように寒くはないが、緯度の高さは夏と冬との日照時間の大きな差をもたらす。春になるとぐんぐんと日照時間がのび、いち早く小鳥がさえずりはじめると、いっせいに花が咲き、春は一挙にやってくる。五月になって木々に芽吹いた新芽は、日照時間の日ごとの長さに合わせるように目に見えて成長していく。それこそ朝見るごとに葉の大きさは前日の何倍も大きくなっているように見える。そのさまはまさしく木々に精霊が宿っていると感じさせる光景である。

おそらく古くにヨーロッパの樹木崇拝の信仰を生み出したのは、このような自然の営みに対する感じかただった。古代ローマ文明の繁栄の陰で未開の地であったヨーロッパの大陸部で、ケルト人たちは樹木に精霊が宿ると信じ、新芽の季節には樹木の精に恩沢を願い、その年の豊饒を祈った。そのような樹木崇拝の祭りに起源をもつのが、中世の五月祭であり、この祝祭こそが緑色のシンボル形成に大いに貢献するのである。五月一日、人びとは連れ立って森へ入り、芽吹いたばかりの小枝を摘んで、頭やからだにつけて飾り、夜を徹して宴会と舞踏会を楽しむ、というのが中世の抒情詩が証言する宮廷での五月祭である。五月祭は一九世紀まで農村部を中心に残り、二〇世紀になるとメーデーというかたちに姿を変えたが、今日なお五月の柱（メイポール）や五月の木（メイツリー）を立てて祝う昔ながらの祭りが残されている地域もわずかながらある。[5]

中世の五月祭の様子をもっともよく教えてくれるのは、時禱書に添えられた暦図である。五月の暦図が決まったように五月祭の情景を描くことからは、この祭りがいかに中世人の生活になじんでいたかがわかる。ここでは中世でもっとも美しい時禱書として知られているベリー公ジャンの『いとも豪華な時禱書』の五月の図を見てみよう（図Ⅳ－1＝口絵）。宮廷の貴公子たちが、頭に葉飾りをつけて、ラッパを吹く従者に先導されて、背景の森から戻ってきたところである。これらの人物が誰であるか、写本研究の領域で特定の試みがなされているものの、フランス王室に関わる高貴な人物であること以外まだわかっていない。

さて、ここで、馬上の三人の女性が緑のドレスを着て描かれているのは偶然ではない。緑の服は五月祭を祝うためにあえてまとわれた衣裳である。五月になると皆がこの色を着る、と『色彩の紋章』が述べていたのは、五月祭に着るこの緑の服のことである。辛い冬と喜ばしい夏を画するこの五月祭こそ、じつは年に一度の緑の服を着る機会なのである。ベリー公の時禱書が書かれた一四世紀末から一五世紀はじめには、宮廷が緑一色で染まったのではないかと思えるほど緑の服が注文されている。五月祭に緑の服を着るこの習慣こそが緑の意味を決めていく。

五月祭と狩猟のための緑衣

緑の服はどのように、どのくらい着られていたのだろうか。年に一度の緑を着る機会である五月祭、そのほかには緑は着られなかったのだろうか。

中世の人びとがどんな色の服を着ていたのか、それを知るにはいくつかの文書がある。ひとつは王室やその姻戚筋にあたる大貴族の館で調達された衣類の支払いを記した会計記録である。この種の記録のうち、シャルル六世王の帳簿には五月祭の緑の服が格段にめだっている。一三八七年の帳簿には、この年の五月祭のために王自身と王弟、すなわち後のオルレアン公ルイ、上記の美しい時禱書をつくらせた叔父のベリー公ジャンなど二六人の大貴族に、緑の衣裳とそろいの帽子が調達されている。[6] 記録には布地が緑（vert）という色名で示され、ブリュッセルやルーアンという生産地が明記されているから、あきらかに、赤いスカーレットや青いペールなどとともにフランドル地方で生産された毛織物であることがわかる。今日のベルギーの町、ヘントで産した緑の布は、すでに一二世紀末にイタリアで、イープルやアラスやドゥーエイ産の緑に先駆けて高値で取引されたことがわかっている。[7] 上記の衣裳は表に明るい緑、裏に暗い緑を配し、なかなか凝ったものにみえるが、ただし緑の色調を示す語彙はこの程度で、緑色の染色の難しさ、あるいは色調の乏しさを感じさせる。

さて、この種の記録に現れる貴族階級の緑の服で、もうひとつ集中するのが狩猟のための衣服である。一四世紀の末、フォア伯ガストンなる貴族が狩りの技術を説いた書物を著しているが、著作のなかで夏場の鹿狩りには緑色を、冬場の猪狩りには灰色を着るべしと述べているから、[8] 狩猟衣には緑を使う習慣があったことがわかる。『狩りの書』という名で知られているこの著作には、さまざまな狩りの場面を描いた挿絵がふんだんに添えられた写本が残されており、そこには貴族も勢子（せこ）も、あるいは罠をつくる使用人たちも、ほとんどが緑の服を着て描かれている（図IV－2）。枝葉でカムフラージュした荷車に乗った姿からは、森の木々に紛れるという役目を担った合理的な理由のあったことがよくわかる（図IV－3）。本章の冒頭で狩猟の場としての森の意味に触れたけれど、狩猟は貴族の男たちの平和時の最大の娯楽である。挿絵つきの豪華な狩りの技術書が書かれたのもそのためである。このような

IV-2《夏の鹿狩り》（『狩りの書』1405–1410年、フランス国立図書館Ms. fr. 616, f. 85v）

IV-3《枝葉でカムフラージュした狩り》（同f. 114r）

狩猟文化を背景にして、緑の服は夏の森というイメージとさらに密接に結びつくようになる。

じつは緑の服への言及は会計記録にこれだけではない。後に述べるように、宮廷が抱える道化師に支給したという記載が少なからずあり、そしてわずかながら子どもの服としての言及もある。さらに事情はよくわからないが、宮廷に仕える高貴な女性と思われるひとに若干の緑の服の記載がある。記録は基本的に商人・職人への支払記録であり、分業体制の確立していた時代だから、支払いは受け取り人別に脈絡なく羅列され、衣裳の全体像をとらえるのはやさしくはない。とはいえ、赤系や青系の色の記載にくらべて緑色の記載は少なく、その少ない記録は五月祭と狩猟の服に集中することはまちがいない。

特別の日の晴れ着

では、一般庶民は緑の服を着たのだろうか。前章に紹介したピポニエ氏の調査によるフランスのブルゴーニュ地方の死後財産目録には、農民にも、都市民にも、緑の服は意外にも少なくない。男性の衣類には現れないものの、女性には前章に紹介した五七点のうち七点（服に五点、被り物に二点）が緑である。都市民の場合は男性の衣類七八九点のうち五七点（服に三九点、外套に四点、被り物に一三点、脚衣に一点）で、これは黒、青、赤、灰色などに差をつけられて低い数字だが、女性の衣類では、五四七点のうち七五点（服に六〇点、被り物に一五点）が緑で、すみれ色、赤、青に迫る数字で多い[9]。ただし残念ながら、これらの緑の服がいつ、どのように着られたのかは、財産目録のような記録からはわからない。

一方、同じ一四世紀にリヨン近郊に住むブルジョア層の家で、結婚式で新婦が緑を着たことを示す文書が残されている[10]。婚礼に緑を着たことを示す文書はこれ以外になく、ゆえに緑の布が高価であったという単純な理由で晴れ着として着用されただけのようである。貴族階級の会計記録の支払いの金額から推測すれば、緑の布はケルメス染料で赤く染めたスカーレットについで値が高いからである。おそらくそれは緑に染めることが難しかったことがひとつの理由だろう。緑色に染めるにはモクセイソウなどの植物でまず黄色に染め、ついで藍染料で青く染めて緑色を出すという二重の手間がかかった。

自然から得られる緑色の染料がないわけではない。ネギの汁やイラクサの葉、クロウメモドキの漿果（しょうか）やイボタの葉や実、スズランの葉などが使えるといわれる。しかしながら、染色化学者によれば、綺麗に発色させるには水質や温度などの条件が難しく、容易に美しい緑色は得られないという。たとえ美しい緑色を得ることがあっても、経験に頼らざるをえない中世では、それを再現させる科学的な能力がない。ゆえに黄と青という二重の染めが必要だった。ついでながらイギリスの染織家エセル・メレは日本の民芸運動とも交流をもったひとだが、伝統的な草木染めに関する彼女の著作『植物染色』においても、青色と黄色を重ね、緑色を得る方法を述べている[11]。青と黄のどちらが先かについては、著者は藍で染めた後に、ウエルド（モクセイソウ科の植物）で黄色をかける方法を勧めているが、最初に黄色で染めておいた方がよいという染師も多いと断っている。

中世の緑が高価な布であるなら、ブルゴーニュ地方の農民や市民の緑の服も特別の日の晴れ着であって、それらが五月祭のための服であったということも考えられる。緑色は男子よりも女性にふさわしい色であったらしいことは、貴族の記録も庶民の記録も示している。このようにして、庶民階級では思いのほか緑の言及が多く、ホイジンガが述べたように緑の使用が単純に少なかったとはいえない。一方の貴族階級にあっては緑の言及はやはり少ないが、これは少ないというより使用の場が限られていたというべきであろう。次章でみる黄色の服の少なさにくらべれば、緑は五月祭の晴れ着や狩猟衣におおいに使われているのだから。

「緑の服を着て森に行く気にならない」

生命を宿した樹木に豊饒を願う五月祭には、当然ながら男女の愛の称揚がある。一九世紀末まで各地に残された五月祭の行事には、若い男女の愛の交歓儀礼がふくまれていたことが民俗学では知られている。たとえば、村の若者が森で摘んできた若い枝を、若い女性のいる家の窓際に贈り届けるという習慣がある。届けられた枝がもしツノギ（charme）の木なら、魅惑するという意味をもった、このことばにかけて、「君に惚れている」というメッセージになり、サンザシの枝なら恋は冷めたというメッセージになったとか、愛を届けるにはミルタやカシ、モクセイソウやツタが選ばれ、評判の芳ばしくない女性にはポプラや、イバラやニワトコが届けられるなど、地方によってさまざまな風習があったようである。[12] 中世にこのような習慣があったのかどうかわからないが、いたって素朴な夏の到来を祝う祭りの様相を見せているとはいえ、そこに男女の愛を盛り上げる役目があったことは容易に想像できる。

というのも、五月は恋の季節であるという考えかたに、中世のいたるところで出会うからである。たとえば文学作品が描く恋のテーマは五月に場を設定する。これまで何度か触れたことのあるギヨーム・ド・ロリスの『薔薇物語』前編は、アレゴリーと擬人化の手法を使って恋愛の過程と心理を説いた一種の恋愛指南書であるが、作品の冒頭は「季節は五月、歓びに満ちた愛の季節」という書き出しで主人公の恋の話がはじまる。そもそも中世の物語は舞台を夏に設定し、冬景色を登場させるのは例外といってよい。何度か触れた、ペルスヴァルが雪野に散った雁の血痕に愛する女性の顔を重ねたというエピソードは冬が舞台の珍しい例である。

五月が恋の月であり、五月祭に男女の愛の交歓儀礼があるのなら、この日に着る緑の服が恋の気分と結びつくのは当然である。一四世紀の後半、シャルル五世の宮廷で活躍した詩人ウスターシュ・デシャンの抒情詩には五月祭に恋情をからめて歌った作品が少なくない。そこでは緑の服に恋の歓びが重ねられ、あきらかに緑は恋のシンボルである。五月一日、恋人たちは緑の服を着て、連れ添って森へ緑の小枝を摘みに行く。そうやって五月祭を祝うことができるものはよいのだが、一方には恋人のいないひともいる。恋人が去ってしまった「独りぼっちの私は、緑の服を着て森に行く気にはならない。私の心は黒をまとっている」。緑は恋に歓喜する心を表し、黒は失恋の悲しみに打ちひしがれた心を示すという色の対照は、文学表現のレトリックである。[13] 寒く辛い冬がようやく去って、明るい陽の光に恵まれた夏が到来し、それを祝って緑の服を着て森へ行くという習慣がなければ、緑色が恋の歓びを表すという色のシンボルはここまではっきりとはしなかっただろう。

ところで、五月を恋の季節とする認識は、六月の花嫁（ジューン・ブライド）ということばがあるように、西洋の結婚シーズンを六月とする風習と関わりをもっている。六月に結婚式を挙げる最初の理由が、先述のようなヨーロッパの季節の特徴にあることはまちがいない。シェイクスピアの戯曲に『夏の夜の夢』（一六〇〇年）と邦訳される作品がある。かつてこの戯曲は「真夏の」夜の夢と訳されて誤解されたことがあったが、戯曲がいう夏の夜とは夏至の夜のことである。うっとうしい梅雨の日本の六月とちがって、ヨーロッパの六月は太陽の光に恵まれ、しかもさわやかで、一年でもっともよい季節である。

六月に結婚式を挙げるのは、この月が最良の気候にあるという、ごく自然な理由によるのだが、じつはもうひとつの理由がある。それは、五月は恋愛に捧げられた月で、この月に結婚すると不幸になるという言い伝えが古くからあったからである。この言い伝えは、近代になってキリスト教にとりこまれ、キリスト教はこの月を聖母マリアに捧げる敬虔な月とし、結婚してはならない五月の理由とした。[14] さらに、婚約から結婚式にいたる日程の都合にもよったようである。先に紹介したベリー公の時禱書の暦図には指輪を交換する男女を描いた四月の図がある。つまり婚約は四月におこなわれ、そして婚約の事実は一ヵ月以上にわたって共同体のなかに伝えるという習慣があったのである。一ヵ月以上の公示の時期を経れば、季節は六月になり、事なきをえれば晴れて結婚式を挙げることができる。六月の結婚式はこうしたさまざまな事情のなかで定着したのだろうが、結婚と恋愛をわけて考えるこの感性には私たちはなじみにくいかもしれない。

中世における結婚

恋愛の到達点が結婚にあると考えるのは、あまりに現代的すぎるのかもしれない。中世の結婚はいわゆる政略結婚であり、恋愛感情にもとづいた男女の心の結びつきというより、女性の持参金を介した家と家の結びつきとしての社会的意味が大きいからである。男性にとって結婚とは、財産にたまたま女性がついているという程度なのである。

そのためかどうか、恋愛と緑色が結びつく例が文学作品にいくらでも見つかるにもかかわらず、結婚と緑色が結びつく例を見つけるのは難しい。『色彩の紋章』は新婚の、あるいは婚約中の男女が緑を着ると述べていたけれど、意外なほど文学に例はない。結婚とは別の男女の愛を称揚する宮廷風恋愛の思想が宮廷文学のテーマとなることが多かったから、そもそも結婚式を語る作品が少ないためかもしれない。

結婚と緑色が結びつく例として筆者が見つけたのは、一二世紀または一三世紀に書かれた作者不詳の抒情詩のなかの一節のみである。[15]作者が駒を進めていると木陰で、結婚したばかりの三人姉妹が歌っているのに出会う。年長の姉は夫に腹を立て、ほかに恋人を見つけるのだと息巻き、末の妹は夫には誠実に従おうと結婚の歓びを歌っている。妹は夏にふさわしく緑の服を着ていると作者があえて言っているのは、結婚の歓びを示すためであろうが、とはいえ、ここでも制度としての結婚というより夫婦の愛情の方が問題になっており、それが緑に象徴されているようにみえる。

絵画作品には結婚と結びつくと思われる緑の服の好例がひとつある。それはヤン・ファン・エイクの一四三四年の作品《アルノルフィーニ夫妻》である（図Ⅳ－4）。ロンドンのナショナル・ギャラリーが所蔵し、われわれの想像に反して意外に小さな作品だが、夫人のいかにも美しい緑色の服は際立って注意を引く。夫のアルノルフィーニはイタリアのルッカ出身の富裕な商人で、夫妻はフランドル地方の都市ブルッヘに在住していた。今日のベルギーの海寄りに位置するブルッヘは、北西ヨーロッパ最大の国際商業都市として栄え、イタリア商人やドイツ・ハンザ商人がコロニーを形成し、イングランド、カスティーリャ、カタロニア、ポルトガルの商人らも活動の拠点としていた。イタリア商人は絹や香辛料や砂糖をもたらすとともに金融業者として活動し、ハンザ商人はイングランドの羊毛を運び、この地の毛織物製品を東方まで運んだ。

繁栄の商業都市に住まう裕福なブルジョアの夫婦を描いたこの絵が何を示しているのか、謎は多いらしく、解釈をめぐっては議論がつづいている。図像学の泰斗エルヴィン・パノフスキー（一八九二―一九六八年）は、一本だけ灯されているロウソクや、奥の椅子にかかっているブラシ、左奥の窓際に置かれている果実、床の上のサンダル、そして貞淑な妻のシン

IV-4《アルノルフィーニ夫妻》（ヤン・ファン・エイク（1395頃-1441年）画、1434年、ロンドン、ナショナル・ギャラリー）

ボルである子犬が結婚の秘跡を連想させるとして、この絵が二人の結婚式を暗示しているとかつて解釈したが、今日ではアルノルフィーニの手の身ぶりからむしろ婚約の儀式であるとする説が有力のようである⑯。結婚、婚約のいずれであれ、これまでみてきた中世人の緑色に対する感情を考えれば、画家は夫人の服を緑色にしたことによって、夫婦の愛情を示したかったように思われる。夫人が妊娠しているかのように腹部をふくらませているのは、女性を描く際のこの時代に共通したスタイルであり、夫人は妊娠しているわけではないと美術史では説かれているが、とはいえ、中世の緑色は、つぎのように出産と深く結びついている。

緑色に飾られた産室

ブルッヘなどの商業都市と毛織物生産地を支配下に置いたブルゴーニュ公の宮廷は、経済力を背景に本家のフランス王室をしのぐ華麗な文化を誇ったことで知られている。第Ⅷ章で述べるように、一五世紀にはこの宮廷がモードの牽引役となり、黒の流行を後世へ伝える役割をはたしている。この華麗な宮廷では代々の公妃が出産するときに、産室を緑色で飾る習慣があった。

フィリップ・ル・アルディはフランス王シャルル五世の弟にあたるひとだが、その妃が一三七四年にマルグリットを出産したとき、妃と赤ん坊の寝台の覆いをのぞいて、天蓋や幕、壁の掛け物や床の敷物などいっさいが緑色で覆われた。注文された緑のウールや絹地は総計八七七オーヌ（一オーヌの長さは時代と地域による違いがあるが、一般にいわれる一・一八メートルという換算にしたがえば一キロメートルを超す長さ）におよんだことが記録に残されている。一四五七年にはシャルル・ル・テメレールの妃が、やがてハプスブルク家のマクシミリアン一世に嫁ぐことになるマリーを出産しているが、このとき寝台の天蓋やカーテンを緑のダマスク絹やサテンにしたことが、女官アリエノール・ド・ポワティエによって伝えられている。産室は緑一色で埋めつくされたというほどである。[17]

さて、私たちは、ここにおいて緑の意味の根源に到達したようにみえる。そもそも緑は春に蘇った自然の色である。そこから五月祭という祝祭を通して青春の恋や結婚の歓びへと意味を展開してきたのだが、生命の誕生、すなわち出産を春の自然の蘇生に重ねることに無理はないだろう。緑色は根源的に生命の誕生、あるいは再生の色なのである。

「緑色の葡萄」

『色彩の紋章』は子どもが緑をつければ若さを表すと述べていた。春の色である緑は、人生のサイクルでいえば子どもから青年までを示す。緑色が子ども服の色としてふさわしかったらしいことは、先に引いたように、王室の会計記録に子ども服としての記載があることからわかるし、子どもを描いた写本挿絵が子どもの服を緑色に塗ることが多いことからもたしかである。会計簿が記す子どもの緑の服とは、つぎのような例である。

一三一七年、フランス王フィリップ五世の三女イザベルはウィーンへ旅行をしているが、その準備に際して緑のビロードの衣裳をつくってもらっている。このときイザベルは四歳で、五年後にはウィーン伯の妻になっているから、この旅行はその準備だったのかもしれない[18]。

一方、『事物の属性の書』として知られる、イングランドの修道士バルトロマエウス・アングリクスが著した百科事典の写本挿絵には、子どもがしばしば緑の服を着て描かれている（図Ⅳ－5）。一三世紀にラテン語で書かれたこの著作は、一四、一五世紀を通して広まり、フランス語にも翻訳された著作である。このなかに人生のサイクル、すなわち乳幼児・少

IV-5《ひとの一生》(『事物の属性の書』1445-1450年、フランス国立図書館Ms. fr. 135, f. 193r)

年・青年・壮年・老年というひとの世代を語る章があり、それぞれを代表する人物がしかるべく描かれた挿絵が付されている。そこには青年とともに少年や幼児の服に少なからず緑が見られる。[19] ひとの一生を表している図IV－6（＝口絵）もまた、緑を男の子と女の子と若者の衣服の色としている。ついでながら、ここでは鮮やかな黄色が幼児にめだっていることにも注意してほしい。次章に述べるように、黄色も緑と同じような性格をもっているからである。記録にしても挿絵にしても、子どもがいつも緑色を着ているわけではないが、そもそも言及が少なく、貴族の大人の服には通常現れることの少ないこの色が、子どもには意外にも集中していることははっきりしている。

緑が若さの色であることは、緑という色名が「未熟な」という比喩的な意味をもっていることからも納得できる。一七世紀のフランスの詩人ラ・フォンテーヌの『寓話』に邦訳で

「すっぱい葡萄」と題される小話がある。熟れて美味しそうな葡萄の実をとりたくてたまらなかったキツネが、どうしても手に入らないことに腹を立て、あれは「熟れていない」と、すなわち「葡萄は緑色だ」と負け惜しみを言う。日本語では「青い果実」という言いかたをするけれど、フランス語では「緑の果実」というわけである。ただし日本語の「青い」も、緑色をふくんだ古い使いかたである。

さて、宮廷の会計記録に記載される緑の服の最後の例は、道化に給付する衣服である。[20] ヨーロッパの宮廷には職業としての道化師がいた。彼らはフランス語では fou, 女性ならその女性形で folle と呼ばれ、本来は通常の社会生活を営める理性をもたないとされたひとたちだったが、やがて必ずしもそうではないひとが職業として道化を務めるようになった。世間の常識に遠慮する必要のない彼らは、社会のタブーや偏見などのいっさいから解放され、ゆえに自由にものを言い、真理を語る愛すべきひとたちである。道化に自由にものを言わせ、素直なその発言を宮廷の人びとはおおいに楽しんだのであろう。とはいえ、社会常識のなかで生きる一般人からみれば、彼らはもちろん常軌を逸した人たちである。道化に緑の服が着られたということは、緑色にそのようなイメージがもたれていたということである。

緑色がそのようなひとのしるしであるなら、理性を欠いた子どもにふさわしい色であることはよくわかるし、未熟さのしるしになることも同じであろう。要するに子どもも道化も理性を欠いており、ゆえに彼らには緑がふさわしい、というのが中世人の認識である。子どもと道化の衣服には、このほかにも黄色の使用、あるいは左右色分けのデザインの使用など共通項が多いから、それぞれの章でふたたび両者の関係については述べることにしよう。

人生の栄枯盛衰

緑色が常軌を逸した色であることは、文学作品のなかできわめてはっきりしている。アーサー王の物語群のなかでは、衣服であれ、盾であれ、馬衣であれ、緑の騎士はきまって血気にはやって秩序を壊す騎士である。あるいは異国から現れて挑戦状をたたきつけ、宮廷を混乱に陥れる騎士である。その好例が一四世紀末の作品とされる『サー・ガーウェインと緑の騎士』の物語である。緑は破壊と混乱を表す色である。[21]

『色彩の紋章』は、緑は時間とともに変化するから、愛が変わりやすいことを意味していると述べていた。草木の緑が、季節がめぐると黄色や茶色に変色する。このことから、変動と二面性という緑の悪しき意味が生じた。恋人たちの心変わりを示す緑の例はギヨーム・ド・マショーの『真実の書』にあったし、あるいは聖書のエピソードで、サムソンの髪を切って裏切ったデリラは、「不動と清浄の青ではなく、さまざまに変化する緑を好む[22]」と記される。移ろいやすさを示す緑は、さらに蓄財の変動、あるいは人生の栄枯盛衰のシンボルとなり、一六世紀には絵画のなかにそのような意味を担った緑色が現れることになる。すなわち、カード遊びをするひとたちのテーブルや商家の帳場の机が、緑色のテーブルクロスで覆われて描かれることがあるのは、幸運も不運もいたずらにやってくることを示すためである。[23]イタリア語では「緑の状態にある」という言い回しが、今日なお一文無しという意味で使われているというのも、同じ経緯であろう[24]。

「ネギのように緑色である」という顔色の悪さを指す表現がある。やつれた表情は、次章に述べるように、「蠟のように黄色い」というのが一般であるが、緑色はイタリアやスペインの人びとのやや褐色の肌のひとの顔色を語るときに使われるようである。たびたび引用している『薔薇物語』前編では、〈強欲〉を擬人化した人物がネギのように緑色の顔をしている。〈強欲〉は「いまにも飢え死にしてしまいそうなようすで、辛くて酸っぱい灰汁（あく）でこねたパンだけで生きている」ようで、すっかりやつれて緑色になっているというのである[25]。ここには悲哀というより無気味さがあり、緑色の肌は文学中で醜悪さを語る表現である。写本挿絵がひとの死体を描くとき、薄く鈍い緑色で塗ることがあるのも、そのためであろう。ひとを邪悪な道に引きずり込む「悪魔」はゆえに緑色でなければならない（図Ⅳ－7）。緑色の悪魔は一九世紀のカーニヴァルの仮装の定番になるまでの歴

Ⅳ-7《イエスを誘惑する悪魔》（トロワ大聖堂のステンドグラス、1170–1180年頃、ロンドン、ヴィクトリア＆アルバート美術館）

史をつくり、人食い鬼のシュレックが緑色の顔や手足をもつのは、このような歴史の文脈のなかにあるからである。中世の悪魔の緑色は、さらにイスラム教徒の緑のしるしとも関係するかもしれない。中世ヨーロッパは聖地エルサレムをイスラム教徒から奪回しようと、たびたび十字軍を派遣した。イスラム教徒との戦いのなかで、彼らの緑の旗印を知ったはずである。緑はキリスト教徒にとって異教・邪教の色である。

淫乱の罪

緑は美しい青春の恋の色であると同時に、断罪される恋の色でもある。すなわち恋の色である緑は、恋愛を賛美するか断罪するかの道徳的な判断の違いによって美しい緑にも醜い緑にもなりうる、という両義性がある。中世には恋愛を「淫乱の罪」として断罪するキリスト教の倫理観とともに、もう一方に、恋愛を人格形成にとって欠かせないものとして賛美する宮廷風恋愛(アムール・クルトワ)という思想があった。価値において真っ向から対立する両者が同じ緑色をもって恋を象徴させているのである。

キリスト教は結婚さえも必要悪と考えるから、この世界には美しい恋などありえない。つまり恋愛は「淫乱の罪」という七つの大罪のひとつとして断罪される。七つの罪の数えかたは必ずしも決まったものではないが、たとえば「慢心」「羨望」「怒り」「怠惰」「吝嗇」「大食」そして「淫乱」が数えられ、これらに対立する七つの美徳として「謙虚」「友情」「善良」「勤勉」「寛大」「節制」「貞潔」が数えられる。中世キリスト教の倫理はもっぱらこのような体系のなかで教えられ、人びとを啓蒙するためにこれらの美徳・悪徳はひとの姿に直され、教会や大聖堂の壁面を飾ることになった。このようにして擬人化された〈淫乱〉像は、一二世紀のいわゆるロマネスク様式の教会にも、その後のゴシック様式の大聖堂にも少なからず描かれているが、それぞれきまった様式で表されている。ロマネスク様式の場合は、両の乳房に蛇をぶら下げた無気味な女性の姿で、そしてゴシック様式の場合は鏡を前に髪を梳く女性の姿であることが多い。

これらの像には残念ながら色を伴ったものがほとんどないのだが、ひとつだけ、しかもロマネスク様式では珍しく鮮明に色つきで残されているのが、フランス南部のサン・タヴァンという小さな村の教会にある《〈淫乱〉の像》である。地下礼拝堂の壁から天井へゆるやかにカーブした面には、アダムやイヴ、聖母マリアをふくむ三一の人物が描かれているが、そのなかに乳房に白い蛇をぶら下げ、自らの槍で胸を貫いている〈淫乱〉の姿がなぜかある(図IV－8)。蛇の存在は、イヴを誘惑し、禁断の木の実を食べさせて過ちを犯させた旧約聖書の蛇に由来するイメージが働いているのだろうか。彼女の着衣はややくすんだ緑色で全身を塗られており、他の三〇の人物にこのような緑で塗られたものはいない。衣の緑色は淫乱の罪を表すためにあえて選ばれた色のようにみえる。

ところで、「怠惰は淫乱の母」あるいは「怠惰は淫乱の侍女」という諺が中世にはあり、淫乱の罪を引き起こす要因として「怠惰(オワズーズ)」という悪徳が引き合いに出されることがある。ただし「怠惰」という意味で使われているフランス語の oiseuse は、本来は時間があるとい

う意味で、したがってこの諺がいいたいのは、ひまな時間がひとを恋に走らせるということである。時間がなければ恋はできないことは、忙しい現代に生きる私たちにもよくわかることだが、じつは時間を恋の条件とすることは古代ローマ文学以来のレトリックである。

ふたたび引用するけれど、ギヨーム・ド・ロリスの『薔薇物語』前編には、このような意味の怠惰が擬人化された女性〈閑暇（オワズーズ）〉が登場している。[26] 主人公は、五月のある朝、身繕いを終えると野辺の風景と小鳥のさえずりを楽しもうと家を出る。やがて高い塀に囲まれた庭園に行き当たり、囲いのなかの天上の調べにも似た小鳥の声に誘われて、庭園の戸口を叩い

IV-8《〈淫乱〉の像》（サン・タヴァン教会地下礼拝堂壁画、11 / 12世紀、柳宗玄『フランス美術』世界美術大系第15巻、講談社、1961年、39頁）

てみる。するとなかから緑のドレスを着た金髪の美女が現れて彼を招じ入れてくれる。緑の衣の美女は〈閑暇〉という名前で、日がな一日髪を梳かし、身繕いに専念すること以外にはなにもすることはないのだと主人公に自己紹介する。庭園のオーナーは〈快楽〉であり、主人公はやがてこの庭園のなかで薔薇の蕾に恋をする。主人公を〈快楽〉の園に誘う美女〈閑暇〉は、たしかに怠惰なひとであるけれど、しかし作品は上品な彼女の容姿を称え、あきらかに美徳像として描いている。

作品は恋を断罪しているのではなく、恋の技法を教える役目を担っているのであり、主人公は〈閑暇〉に導かれて恋の出発点に立ったのである。ゆえに、この作品では彼女の緑の衣はやはり美しい恋の色である。恋愛の心理や恋愛のための徳目などが擬人化され、多くの人物が登場するこの作品では、それぞれがいかにもふさわしい服装で描かれている。そのなかで緑を着て登場するのは〈閑暇〉ひとりをおいてほかにはいない。上の諺を生んだキリスト教の倫理観では緑色は文字通り怠惰のしるしであるが、恋愛賛美の思想においては恋を準備するうるわしい時間のシンボルである。

中世は、トリスタンとイズー、ランスロ（ランスロット）とギニヴィア（グィネヴィア）などの不倫の恋を文学テーマとしたばかりか、恋愛をいかになすべきかその技法を説く書物も生み出している。『薔薇物語』前編もそのひとつと考えてよいが、一二世紀に宮廷付き司祭アンドレによって書かれた『恋愛法典』は特に有名である。著作の冒頭には恋愛の効果を述べるところがある。恋をすることによって傲慢なものは謙虚になり、吝嗇なひとは寛大になり、粗野で野暮な男も品格のあるひとになり、卑しい生まれのものも高貴な性格を獲得し、ひとりを愛することにより貞潔の美徳を得られると、人格形成に欠かせぬ愛の効果を説いているけれど、要するに不倫の恋を勧めているようなものである。[27] 恋愛賛美の思想とキリスト教の倫理観、これほど対立する二つの立場がいずれも緑を使い、一方は恋を称え、一方は恋を断罪する。考えかたの違いはわかっても、両者を同じ色で表す中世人の感性に私たちはとまどうのではないだろうか。

春に蘇る自然の緑は青春と恋の色となり、緑色は社会と宗教と思想のなかでさまざまな価値のヴァリエーションを付与されてきた。美しくも無気味な緑色をつくりあげた要因は複雑であるけれど、その基本にあったのは、五月の森というヨーロッパの風土である。緑の世界はここにすべてがはじまる。

第Ⅴ章　忌み嫌われた黄

ひとを排除する黄色

緑色は愛と青春を表す美しい色である一方で、破壊と混乱を思い起こさせる忌まわしい色でもあった。中世の緑色は正負の意味が特にきわだった特異な色であったが、これから述べる黄色はその負のイメージだけをいっそう強調させたような色である。

というのは、黄色が衣服の色として使われることはさらに限られ、子どもと道化や芸人の服に認められるだけで、しかるべき身分の大人がこの色を着ることはなかったからである。なぜ中世の黄色はそれほど嫌われなければならなかったのか。歴史の長い時間の流れのなかでさまざまな要因がからみあい、次第に黄色の忌むべきイメージが確立したとしか言いようがないが、嫌われた事実だけははっきりしている。道化や芸人は社会の身分秩序の下位にあるというより、そこに数えられることもなく、社会から疎外されたひとたちである。そのようなひとたちに社会はあえて黄色という色を与えた。図Ⅴ-1のステンドグラスのなかで熊使いの芸人を黄色で示したのは、縞柄の使用からしてもガラス職人の気紛れによるのではない。次章で述べるように、縞柄もまた忌まれた模様だからである。黄色が彼らのしるしとなれば、黄色の忌まれた意味はいっそうはっきりし、色のイメージはこうして定着していく。

V-1《熊使い》(15世紀末、サン・ジャン・ド・モリエンヌ大聖堂、Claude Gaignebet, Jean-Dominique Lajoux, *Art profane et religion populaire au Moyen âge*, Presses universitaires de France, Paris, 1985, p. 80)

そして中世は、キリスト教徒がヨーロッパ社会から執拗に排除しようとしたユダヤ人に、迫害の過程で黄色というしるしを与えた。ユダヤ人のしるしとしての黄色の使いかたは、当時の人びとの黄色への嫌悪感をいっそう強固にしたはずである。

では、なぜ子どもには黄色が許されるのか。道化や芸人とともに黄色の服が子どもに許されたとするなら、中世の人びとは子どもを道化や芸人と同じような概念でとらえたということではないだろうか。とするなら、黄色の意味の詮索は子どもに対する私たちとは違った中世人の見かたを示し、中世の人びとの独特な感情生活を垣間見せてくれるかもしれない。中世の人びとが黄色にどのような感情を抱いていたのか、その結果として道化や芸人や子どもの服の色として、あるいはユダヤ人のしるしの色としてどのように機能したのか、黄色の世界を見ていこう。

第四回ラテラノ公会議の過酷な施策

中世にユダヤ人に対する締め付けが特に厳しくなったのは一二一五年の第四回ラテラノ公会議において反ユダヤ政策が打ち出されたときからである。これに呼応してユダヤ人とわかるしるしが強制され、そのしるしに黄色が選択されるようになった。ユダヤ人の黄色のマークについては、すでに阿部謹也氏が概要を述べているから若干補足しながら以下に紹介しよう(1)。

中世のもっとも偉大な教皇といわれるインノケンティウス三世によって主催された第四回ラテラノ公会議は、十字軍の派遣を背景としてキリスト教の狂信と宗教的不寛容の嵐の吹き荒れたさなかのことであった。ゆえにそれまでの反ユダヤ思想がここに現実的な政策となって打ち出されることになり、ユダヤ人にとって深刻な事態を迎えることになった。

そもそもキリスト教とユダヤ教は起源を同じくし、ゆえに両者の確執を内包している。イエスが囚われ、十字架にかけられたのは古代ローマ時代のガリラヤを治めたユダヤ人のヘロデによってであり、したがってキリスト教はイエスの死の責任をユダヤ人に課し、彼らに激しい憎しみをもちつづけてきた。

キリスト教会の説教ではユダヤ人の裏切りが説かれつづけ、キリスト教徒はユダヤ人をなにかにつけて社会から締め出してきたのである。

そのようにして、定住地をもてず絶えず移動を余儀なくされたユダヤ人は、それを利用するかたちで早くから商業や貿易、金融の領域で秀でたが、そこでもキリスト教徒の抵抗ばかりに遭ってきた。キリスト教は、利子をとって金を貸すという商売に手を染めることを禁じていたため、各国は財政的援助をユダヤ人に頼らざるをえなかった。この情況はユダヤ人にとって幸いであったものの、彼らの成功は嫉妬や妬みの感情を増長させ、イタリア人の金融業者が成長すると、彼らは締め出されることになった。

第四回ラテラノ公会議は、こうした反ユダヤ思想を過酷な施策として実行に移した会議であり、そのひとつが服装では見分けがつかなくなったユダヤ人にしるしをつけ、キリスト教徒とユダヤ人の男女が通じることを妨げようとしたものである。

公会議の決議にしたがって最初にしるしを強制したのはイングランドである。ただし一二一七年にヘンリー三世がはじめて実行したときは特に黄色のしるしではなく、一二七五年のエドワード一世のときにはじめて黄色になったといわれる。フランスでは、キリスト教に敬虔な王として死後聖人に列せられたルイ九世（在位一二二六―一二七〇年）の治世に、黄色のしるしが強制された。しるしはルエル（rouelle）と呼ばれた丸い布で、大きさは指一本の幅の小さいものから、大きなものは直径五センチくらいまであり、これが衣服の胸と背につけられた。黄色のしるしは、都市条例として強制された場合もあり、一二五五年、南フランスの都市マルセイユではユダヤ人に黄色の帽子をかぶることを義務づけている。

一方、ドイツでは、一四三四年になってはじめてアウクスブルク市が黄色の環（Ringel）を胸につけるよう命じた。オーストリア地域では一五五一年にフェルディナント一世が左胸に黄色の環をつけるよう命じたのが最初である。イベリア半島のアラゴンやポルトガルでも同様のしるしづけがおこなわれているが、黄色という色の言及は残されていない。ヨーロッパのいたるところでしるしづけは実行されたが、そもそもユダヤ人特有の円錐形の帽子といった、彼ら独自の服装が生きている地域ではしるしづけは不要であった(2)。写本挿絵に描かれたユダヤ人の姿には、赤と白、赤と黄、緑と黄を半々に組み合わせたようなルエルもあり（図Ⅴ－2）、しるしのすべてが黄色ではなかったが、きわだって黄色が多かったことはたしかである。

周知のように、第二次世界大戦中、中世の黄色のしるしはナチスによって蘇った。一九四一年、ナチス政権は、黒い縁取りをもった六角形の星形の黄色の布をつけることを、六歳以上のすべてのユダヤ人に義務づけ、強制収容所では黄と黒を縦縞にしたユニフォームがユダヤ人に着せられた。黄色はユダヤ人の色であり、キリスト教に迫害された彼らの歴史を語る色としてそのイメージは今日まで生きている。

Ⅴ-2《胸にしるしを付けたユダヤ人》（1414-1420年、ボッカッチョ『デカメロン』ヴァチカン図書館Pal. lat. 1989 f. 18r）

ユダと黄色

中世の人びとがユダヤ人のしるしになぜ黄色を選んだのか、その経緯はわからないが、それを納得させてくれる黄色の使いかたは中世文明のいたるところに転がっている。まずもっとも近い関係にあると思われる

V-3《キリストの捕縛》(『いとも美しき聖母時禱書』1380年頃、フランス国立図書館Ms. n. a. lat. 3093, f. 181r)

のが、宗教画の表現のなかでユダヤ人に、あるいはイエスを裏切ったあの赤毛のユダに黄色の衣を着せることである。

フランス王シャルル五世の弟にあたるベリー公のために制作され、『いとも美しき聖母時禱書』と呼ばれる写本では、このような黄色が特にめだっている。(3) まずマリアが洗礼者ヨハネの母となるエリサベツを訪ねる場面で、エリサベツが全身を鮮やかな黄色で塗られているのは、やはりユダヤ人が意識されたためであろう。同じようにしてイエス逮捕の場面では、イエスに接吻する裏切り者のユダの衣が黄色に塗られている（図Ⅴ－3）。さらに大祭司カヤパの前に引き立てられたイエスの周囲をとり囲むユダヤ人の服装にも鮮やかな黄色がめだっている。ひとりはタイツが、もうひとりは頭巾が黄色であり、さらに黄と青と赤の色分けの服をきた男がいる。じつはこの写本の挿絵には、マリアの青い衣の裏地が黄色く見え隠れしていたり、イエスや聖者の光背に同じような黄色が使われていたりして紛らわしいのだが、黄色とユダヤ人の結びつきが意識されていることはまちがいない。同じベリー公のために制作された『ベリー公の小時禱書』の挿絵では、ユダの衣は黄褐色に塗られている（図Ⅴ－4＝口絵）。イエス逮捕の場面はいずれも、接吻を合図にして、ユダヤの兵にイエスの存在を知らしめているユダの姿を描いている。同じ場面を描いた『ジャンヌ・ド・ナヴァールの時禱書』の挿絵には、このときペテロに斬りつけられて右耳を落とし、へたりこんだ大祭司の僕マルコスの衣が褐色がかった黄色に塗られている。先ほどの『いとも美しき聖母時禱書』の挿絵の同じ場面で黄色と青と赤で塗り分けられた扮装をしているのは、このマルコスである（図Ⅴ－3）。

「あいつは黄褐色だ」という中世フランス語

ユダがなぜ黄褐色の衣で描かれるのかは、黄褐色を指すフランス語のフォーヴ（fauve）

ということばと関係がある。このことばには裏切りという比喩的な意味があるからである。二〇世紀初頭の芸術運動、野獣派「フォーヴィスム」という語を生んだこのことばは、獣の艶のある黄褐色の毛色を指し、中世では裏切り者という比喩的な意味で使われることがあった。「あいつは裏切り者だ」というときに、中世フランス語では「あいつは黄褐色だ」というのである。(4) 赤毛や赤茶色が裏切りを示す色であることは赤の章で触れたけれど、フォーヴ色の裏切りの意味はいっそうはっきりしている。『色彩の紋章』第二部もこの色が疑念と欺瞞を意味すると、「黄褐色(フォーヴ)と薄黄色(パール)について」の章でつぎのように述べている。

黄褐色はやや赤を帯びた弱々しい白さから生じ、また緑にくらべれば穏やかな物質に生じる色である。というのも木々の緑は秋になると寒さのゆえに黄褐色に変わるからで、この色は緑よりも白に近い中間色である。黄褐色のたいそう美しい布を除けば、この色は美しいとはいえない。この色はひとを落胆させる。この色は疑念と欺瞞を意味している。(5)

白と赤と緑の間で揺れる黄褐色の色調について、冒頭の説明はわかりにくいが、緑の葉が赤茶に変色してしまうところに緑の二面性という悪しき意味が生まれたのと同じように、黄褐色もまた変色の色であるがゆえに疑念・欺瞞という意味をもったことが推測できるだろう。

獣の毛色であるフォーヴ色を代表するのはもちろんキツネである。一三世紀に書かれた『狐物語』のなかで主人公のキツネのルナールはペテンばかりを働いている[6]。黄褐色に裏切りという意味が付着するにはこのような文学作品の影響もあっただろう。逆に黄褐色の毛をもっているがゆえにキツネはペテン師に仕立てられたのかもしれない。一四世紀に『フォーヴェル物語』という作品が書かれているが、主人公はひとの世のあらゆる欺瞞を象徴する馬で、毛色はもちろんフォーヴ色、馬の名はフォーヴェルである[7]。馬の名前について、作者は虚偽を意味するフォー（faux）と毛を意味するヴェル（vel）の合成語であると説明しているから、フォーヴ色が欺瞞という意味をもったのは、このことばの音が虚偽を意味することばに近かったためかもしれない。

中世文学のなかで、フォーヴ色の獣はいつも怪しい気配を漂わせる。醜さのシンボルである黒髪に関して第Ⅰ章で引用したクレティアン・ド・トロワの『ペルスヴァル』物語の一節を思い出してほしい。地獄にもいないと思われるほど醜い女がアーサー王の騎士たちを危険な冒険に挑発するエピソードのなかで、彼女が乗ってきたのはフォーヴ色の雌騾馬（めすらば）である。女の醜い容姿は、真っ黒な太い編み下げ、鼠のような目、猿か猫のような鼻、驢馬か牛のような耳、山羊鬚、背と胸の瘤、ゆがんだ背骨、柳のようにたわんだ脚で示され、さらに卵黄のような色の歯が加わっている。黄色の歯と黄褐色の乗り物はあきらかに醜さを強調している。

黄色の比喩——悲しみと怒り

黄色にもさまざまなニュアンスの色があるが、どのような色調であろうと、黄色の範疇にある色には悪い意味ばかりがつきまとっている。黄褐色の意味について語っていた『色彩の紋章』は、つづけて薄黄色（pâle）について、黄褐色よりさらに徹底して悪い意味を並べている。

薄黄色は黄褐色と同じような状況で生じるが、ただしそれほど白くはなく、むしろ黒を帯びている。この色は恐怖や、過度の瞑想や労働などの何らかの災難によって生じる。この色は、これを身につけている者を裏切り者にみせる。顔色がこのようなときは良い徴候ではないが、赤いときもまた病いの最悪の状態を示す。薄黄色は自然の多くのものに見られるが、人工的につくることはできない。そしてすでに述べた通り、この色は裏切り、抜け目なさ、心変わりを意味し、ひとを憂鬱（メランコリック）にする。この色からいくつかの美しい布がつくられる。とはいえ以上の二つの色はいかなる美徳にも、また美しい花にもあてはまることはなく、野生の多くの花にあてはまるだけで何の価値もない(8)。

第I章で触れたように、pâle に対する「やつれて蒼白い」という日本語の訳語はふさわしいけれど、フランスのひとにとってこの色は黄色の範疇にある色である。黄色を表すもっとも一般的な色名である jaune ということばは、病み衰えた顔色の悪さを示すときにさらに頻繁に使われる。「蠟のように黄色い」という表現は決まり文句であり、たとえば『薔薇物語』に描かれる擬人化人物〈悲哀〉の表情としてこの表現が使われている[9]。〈悲哀〉なる女性が登場するのは物語の冒頭、主人公が五月の朝、小鳥のさえずりを聞きながら散歩をしているときである。主人公が行き当たった〈快楽〉の庭園の、それを囲む塀には〈悲哀〉のほかに、〈憎悪〉・〈悪意〉・〈下賤〉・〈貪婪〉・〈強欲〉・〈羨望〉・〈老い〉・〈偽信心〉・〈貧困〉を表した計一〇人の人物が描かれている。つまり、〈悲哀〉は美しい女性として登場しているのではなく、醜い女として登場している。「心痛や悲嘆や懸念や不安に日夜苦しみ、そのため顔色が黄色くなって」「黄疸にかかっているようだった」と描写されている彼女の姿は、ひとを恋するのにふさわしくない恋愛における悪徳を表している。物語の作者の意図はここにあるが、とはいえ、ここで悲しみの感情が否定されているのは、物語が恋愛の世界を語っていることばかりに理由があるのではない。一般に中世人は悲しみの感情を怒りと対にし、悪しき感情としてとらえているふしがあることは、すでに第Ⅰ章で触れた通りである。やがて中世末期になれば、悲しみの感情に一種の美意識が伴うさまがみえてくるが、このとき黄色の意味も大きくイメージを変えていくことになる。このことは第Ⅷ章で黒と黄色の意味の転換として述べることにし、ここでは悲しみを悪徳としてとらえる中世人の感情生活のなかで、これを担った色が黄色であったということに注意したい。黄色は悲しみという悪徳の色である。

したがって、怒りも黄色で表されることになる。第Ⅰ章の最後で紹介したアンジュー公ル

V–5《〈こころ〉と〈怒り〉の戦い》（アンジュー公ルネ『愛に囚われし心の書』1460年代、ウィーン、オーストリア国立図書館Codex 2597, f. 26r）

ネの手になる物語『愛に囚われし心の書』の比喩を思いだしてほしい。作品は『薔薇物語』に影響を受け、擬人化の手法を使って恋の冒険を語った小説である。〈こころ〉という名の主人公が、〈欲望〉という忠僕をともなって〈慈悲〉という名の女性を探しに行く。〈こころ〉と〈欲望〉が、旅の途中で出会った〈怒り〉という名の男は〈悲しみ〉という名の女を愛人とし、主人公はその〈怒り〉と一騎討ちになる。〈怒り〉は真っ黒な軍馬にまたがり、携える盾はタンニン色（tanné）で塗られ、そこには三本の刺々しいアザミの花と、それに重なるように一本の黒いイバラの枝が斜めに描かれている[10]（図V－5）。タンニンとは、柏の木などの樹皮からとれ、皮をなめすときに使う黄褐色の粉である。アザミやイバラというとげのある植物の選択と、イバラが黒いという色の選択からすれば、紋章の地の色のタンニン色にも意味がないはずはない。しかも〈怒り〉は〈悲しみ〉の恋人として設定され、悲しみが黄色で表されるという当時のイメージからすれば、タンニン色すなわち黄褐色にも怒りを表す色としての意味があるはずである。黄色とそれに派生する色、それらを指す色名はどれもこれも悪い意味ばかりをもつ。

騎士を弄ぶ「黄色の絹の婦人」

このような事情をみてくると、中世に黄色の服が着られなかったことはもっともなことだろう。文学作品のなかでも黄色の服を着た人物はめったにおらず、筆者にはひとりしか見つけられていない。当然ながら黄色の悪しき意味を脱することはできず、黄色い服を着た人物はひとを欺く輩である。中世文学は多かれ少なかれ人物登場に際し服飾描写をおこなう習慣をもっているが、その服飾描写には色彩への言及がともなう。色彩のことばは赤系と青系の色名がほとんどを占め、この種の色が宮廷社会の人びとの服装の色であったことを思わせる。そのような文学の記述のなかにひとりだけ黄色の服を着て登場する女性がいる。一三世紀前半に書かれたアーサー王物語のひとつ、宮廷風の雅びな騎士ギロンというほどの意味をもった『ギロン・ル・クルトワ』という作品のなかの女性である。「黄色の絹の婦人」というあだ名で登場するこの女性は、騎士メリアドゥスをさんざん弄ぶ。(11)

騎士メリアドゥスは森のなかで駒を進めていると傷を負った騎士に出会う。戦いを挑まれ恋人を連れ去られた冒険の旅路の騎士である。メリアドゥスは女性を救出することを約束し、「黄色の絹の婦人」と呼ばれるこの女性を無事にとりもどす。宮廷に連れ帰ろうと女性に同道したメリアドゥスは、しかし彼女の類いまれな美しさに一目惚れして口説きはじめる。すると彼女は涙をながしながら、自分はまだ処女だから、貴方のなさりたいことに耐えるくらいなら、いっそ首を打たれた方がよいといって懇願する。騎士と旅をともにしていた女性が処女であることに驚きながらも、彼は女性の言うままに従った。やがて宮廷に到着した彼は女性を美しく装わせるが、処女の装いが彼を物笑いの種とした。どこまでも人の好いメリアドゥスは、そこに彼女の父と兄弟を殺した騎士が現れると彼女のために復讐を申し出るのだが、こともあろうに女性はこの騎士こそ愛しい恋人であると告白する。生真面目なメリアドゥスが、したたかな女性にさんざん弄ばれた恰好である。女性は無名で登場し、もっぱら「黄色の絹の婦人」というあだ名で語られるのは、騎士を騙しつづける女性のしたたかさを示すためであろう。黄色の服はここでも欺瞞のシンボルである。

道化と子ども

では、現実の世界で黄色の服はどのように使われたのか。冒頭に触れたように、黄色の服を着る人物はきわめて限られている。文学作品と同じように、王室会計記録のなかでも衣服の色には赤系と青系の色が大半を占め、黄色の服は非常に少ない。その少ない例のひとつは道化服である。おそらくこの場合は緑色と組み合わされて使われたようである。支払い記録として布地ごとに羅列する会計簿からは判断しにくいが、緑の布の記載の遠くないところに黄色の布の記載があり、また同じ頃の写本挿絵のなかで描かれた道化の服装には黄色と緑を半々にしたデザインが多いからである（図Ⅴ－6）。

少ない例のもうひとつは子ども服である。道化服と同じように他の布と組み合わせて使う例も見られるけれど、黄色い布を単独で使った例もある。しかも幼い王女たちのためのドレスという珍しい例が一四世紀の会計記録にはみえる。それは一三一六年にフランス王として即位したフィリップ五世の幼い娘たちが、父王の戴冠式に黄色のビロードのドレスを新調してもらったという文脈で現れる。王の長女ジャンヌはこのとき八歳、三女イザベルは四歳の幼さであるが、彼女たちと、王女に親しい貴族の娘と思われるもうひとりの、あわせて三人に黄色のビロードの服がつくられている。ビロードという贅沢な織物とはいえ、衣服の色としてきわめてまれな黄色という色名が王女の服として記されているのを見るのは、きわめて不思議

V-6《ダビデと道化》（『フィリップ・ル・ボンの聖務日課書』1460–65年頃、ブリュッセル、ベルギー王立図書館Ms. 9026, f. 143v）

な感じがする。黄色の服は道化と子どもをのぞけば、宮廷の奉公人のなかでももっとも下級と思われる牛飼いと洗濯女にタンニン色の服を支給したという記録しかない。[12] 一四世紀にはしかるべき身分の大人たちの服に黄色が現れることは皆無である。

黄色が緑色とともに道化と子どもにそろって許されるのはなぜだろうか。大人が通常使うことのない緑色と黄色が道化にはふさわしく、それが子どもにも共通するということは、子どももまた道化のような概念でとらえられていたということである。『色彩の紋章』のつぎの一節はこのことを示唆している。

　黄色は男性が身につければ快楽と富有を表し、女性がつければ嫉妬を、子どもなら軽い狂気を表す。[13]

この文章は、前章に引用した色の意味の小論の緑色の説明につづく黄色についての説明である。ここでは快楽と富有という意味と、嫉妬と狂気という意味とが並べられている。黄色については、王侯貴族の馬具や兜の飾りに使うという説明が別にあるから、この黄色は金色と読み替えるべきなのだろう。中世の人びとが金色と黄色をすでに同じ範疇の色としてとらえていることがわかるが、通常は良い意味の場合は「金色」、悪い意味の場合は「黄色」ということばで使い分けられる。

さて、子どもの黄色が軽い狂気を示すという説明に注目しよう。つまり子どもを社会生活を営む理性を欠いた人間として、道化と同じようにとらえているということを説明は示唆している。もう少し言うなら、無邪気な子どもの様子を可愛らしく好もしい、ととらえるのではなく、理性を欠いた不完全な人間としてとらえているらしい、ということである。このことは中世の子どもを「小さな大人」としてとらえたフィリップ・アリエス（一九一四—八四年）の主張を思わせるだろう[14]。

アリエスは、私たち現代人のように子どもらしさに価値を見出すようになるのはようやく一七世紀のことで、中世の子どもは大人と混在した生活を強いられ、子ども期に固有の性質への配慮はなかったと主張する。ゆえに中世には子ども独自の服はありえず、産衣を脱いだ子どもはすぐに大人と同じ服を着るのだという。アリエスの主張にはその後、多くの反論が寄せられ、子ども服についても中世に独自のものがあったことが指摘されている[15]。本書がこれまで述べてきたように、大人には使われにくい緑や黄色が、子ども服には使われるということも、中世の子ども服のひとつの特徴であろう。したがって、中世には独自の子ども服がなかったと切り捨てるアリエスの説は受け入れ難いが、とはいえ、このような子ども服の色の特徴はアリエスのいうように、理性的な成長が待たれる「不完全な大人」としての子どもの性質の表示である。

中世社会が子どもを理性を欠いた存在として強くとらえていたということは、次章でミ・パルティや縞柄というデザインについて調べてみると、さらにはっきりする。緑色と黄色の使用のほか、ミ・パルティや縞柄という、これまた道化や芸人に特徴的なデザインが子ども服には現れるからである。緑色、黄色、縞、ミ・パルティ、いずれも嫌がられた色や模様を共有するという点で、子ども服と道化服は驚くほど類似している。

ジャン・バルジャンの黄色い通行証

黄色がなぜこれほど嫌われたのか、その理由はわからない。おそらくヨーロッパの長い歴史のなかで負のイメージが少しずつ積もり重なり、もっとも顕著になったのが中世なのであろう。スペイン料理のパエリアに色と香りを添えるために使うサフランという植物がある。乾燥させた黄色の花柱が芳香をもっているのだが、この揮発性の物質を長く吸っていると正気を失うという迷信が古代以来の医学で信じられていた。このような迷信が黄色のイメージ作りに一役買っていたかもしれない。ともかく中世には黄色は嫌われ、そしてこのイメージはその後の歴史のなかでも生きつづけていく。贋金作りの犯罪者、あるいは国家に背いた犯罪者の家を黄色く塗るという習慣は、一六世紀にも一七世紀にも知られている[16]。

そして、黄色の忌まわしい使いかたは近代にまで及んでいる。たとえば、一九世紀のフランスの小説には中世におけるのと同じような黄色の表現や、あるいは社会の慣習が反映していると思われる黄色の忌まわしい使いかたが少なからず記されている。ヴィクトル・ユゴーの『レ・ミゼラブル』の主人公ジャン・バルジャンが懲役刑を終えて出所したとき、もたされた通行証は黄色い。囚人であった前歴を伝える黄色い紙のおかげで、彼はどこへ行っても受け入れられない。ようやく迎えてくれた司教の家で、しかし彼は銀器を盗んで逃亡し、憲兵に連れ戻されて司教が銀器を与えたととりつくろって救われる、誰でも知っているこの逸話の背景には、黄色い通行証がある。

裁判所が差し押さえた家財に貼り付ける紙が黄色であったことは、バルザックの小説が示している。バルザックはほかにも、ユダヤ人の高利貸しゴプセックの風貌を描きながら、禿げた頭が黄色いとか、眼が黄色いとか、描写に黄色をくりかえしている。さらに『谷間の百合』のなかには、モルソフ夫人が恋人の裏切りを知り、憂いに沈んだその顔の表情が黄色いと記されるところがある。

中世の黄色い喩えとイメージは近代文学のそこかしこに残っている。おそらく黄色の通行証や差し押さえの黄色の紙は絵空事なのではなく、当時のフランスの習慣であったのだろう。第Ⅷ章で述べるように、黄色のイメージは中世末期の一五世紀に大きく変化するけれど、中世本来の負のイメージもまた確実に生きていく。[17]

第Ⅵ章　子どもと芸人のミ・パルティと縞

色の組み合わせの意味

中世の人びとはひとつひとつの色に独自の感情をもたせるばかりか、さらに複数の色の組み合わせになにがしかの意味をもたせる。

『色彩の紋章』も、組み合わせる色によって、色の意味が多様に変化することを延々と綴っている。その一例を青の説明のところで少し引用したが、緑の説明のなかにも、「青と置かれれば見かけの歓びを、すみれ色となら愛の歓び、淡紅色となら笑いと涙、灰色となら愛におののく青春、黒となら節度ある快楽を意味する」という一節のあったことを思い起こしてほしい。愛と歓びと青春という緑の意味を中心として、加える色によって微妙に異なる意味のヴァリエーションが並べられている。タンニン色は怒りの色であり、さらに悲しみに通じることは前章に述べた通りで、そのような色と緑色の組み合わせが笑いと涙であるという説明はわかりやすい。黒は清貧・簡素を旨とする僧服を代表する色であるから、それとの組み合わせが節制された快楽というのもよくわかる。青と置かれれば見かけの歓びというのは、欺瞞を表す青という意味を思い起こさせる。ここでは変動を表すのは、緑ではなく青である。

さて、黄色も緑も負のイメージをもつ色であることをこれまで述べてきたが、これらを組み合わせるとどうなるか。いわば相乗効果で否定的な意味はいっそう強力になるようである。黄色と緑の組み合わせは文学のなかでつねに混乱や無秩序といった概念と結びつき、常軌を逸した行動の騎士には緑と黄の配色の紋章が持たされているからである(1)。

たとえば、アーサー王物語に登場する、セグルモールという名の騎士は、大食漢でお腹がすくと猛烈に怒り出す。ゆえに彼の紋章は黄色と緑色を交互に配したジロネである。つまり盾の中心で交わるように四本の線を入れ、八つの三角形に分割された模様で、緑と黄が互い違いに配置されている紋章である。そしてイズーとの悲恋物語で知られるトリスタンが、緑の地に金の獅子を描いた紋章をもつことにも同じような意味がある。トリスタンとイズーの不倫を正気の沙汰ではないと断罪する見かたが背景にあるからである。紋章用語として金色ということばが使われてはいるものの、緑色との組み合わせは、伯父であり主君であるマルク王の妃との関係が反社会的な行為と断罪されていることを示す。『色彩の紋章』は黄色の範疇にあるタンニン色と緑色との配色を笑いと涙を意味すると述べていたが、笑いと涙の組み合わせとはこれも混乱と無秩序の世界である。

道化服のミ・パルティ

さて、そのような黄色と緑色の組み合わせが衣服の上にデザイン化され、ユニフォームとして制度化されたのがまさに道化服のミ・パルティである。

「ミ・パルティ」という語は「半分に分けた」という意味で、中世の記録がこのように記すことがあるために、左右色分けのデザインを総称して使われることばである。道化服の場合、緑色と黄色を半々にした配色が典型であるが、配色は必ずしも緑と黄色に限らない。黄・緑・赤のなかから二ないし三色が、ときに緑に代わり青が選ばれ組み合わされることが多い。

このように、対照的な二色を配したミ・パルティは、じつは道化服に限らず、中世社会のいたるところに現れている。中世末期に描かれた壁画や挿絵には、芸人や楽師の服装にみられるし、食事のサービスをする奉公人の服装にも頻繁にみられる。また、すでに触れたように、子ども服として流行する時期がある。さらには次章で述べるように、都市の行政を担う役人のユニフォームにもしばしば現れる。ゆえにミ・パルティにはひとくくりにはできない多様な意味が隠されているようにみえるが、とはいえ、道化や芸人や楽師の服装であることから蔑視感の込められたデザインであったことはたしかな事実である。しかるべき身分の大人が左右色分けの服を着ることは決してないのだし、図VI－1もそれを証言している。

図VI－1は一四世紀の写本挿絵で聖人の殉教の場面である。この図を掲載している写本には、聖人・聖女が火にあぶられたり、石で撃ち殺されたり、殉教の場面がつぎつぎとミ・パルティの人物を伴って描かれている。小さな挿絵にもかかわらず、人物の顔つきなど意外に細かく描かれ、聖人が優しそうな顔の表情と輝くような金髪によって美しく描かれているのに対し、彼を打擲する二人は黒髪で、左の男の鼻は天井を向き、右の男の鼻は極端に大き

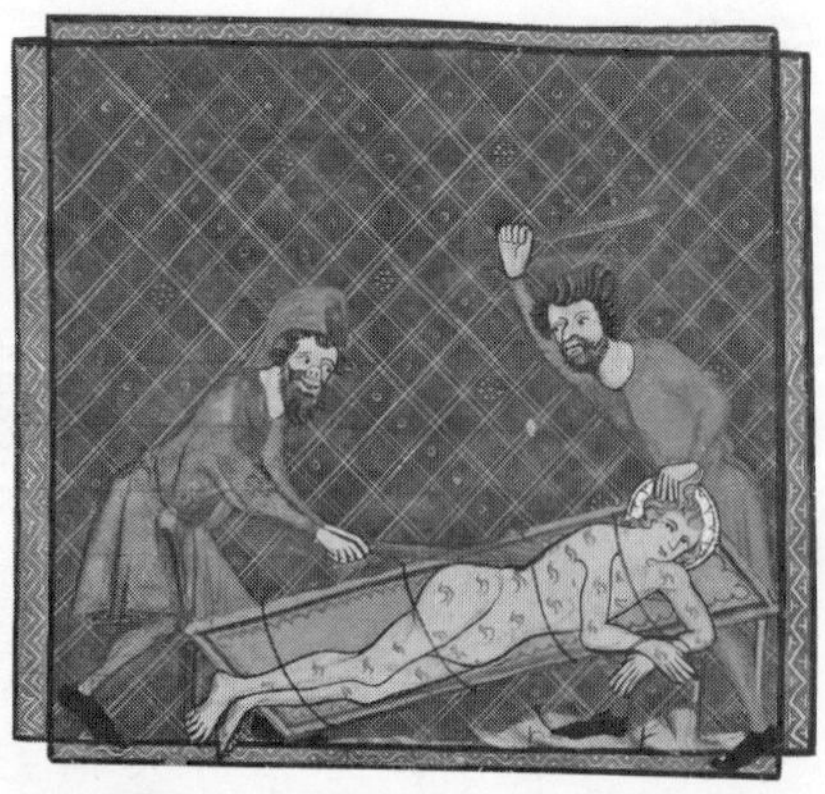

VI-1《殉教の聖人》（ヴァンサン・ド・ボーヴェ『歴史の鑑』1332–1335年、パリ、アルスナル図書館Ms. Ars. 5080, f. 256r)

く、あきらかに彼らは憎しみを込めて描かれている。そのような二人に茶と黒の色分けの服を着せて描いていることは、このデザインに嫌悪すべき感情がつきまとっていたということである。

たくさんの色を使うことへの戒め

ミ・パルティと同じように、しかるべき身分の大人の服には決して現れることがないが、道化や芸人や楽師の服にはよく現れるのが縞模様である。ミ・パルティと縞柄の意味がきわめてよく似ているのは、これらが基本的には同じデザインだからだ。縞柄の歴史を語ったパストゥロー氏は、異なった二色を組み合わせたのがミ・パルティであるなら、その二色をくりかえすことによってできるのが縞であると述べている。ゆえにセグルモールのジロネという紋章の模様も、ミ・パルティのくりかえしであり、縞柄の変形といえよう。まれではあるが、道化服にみられることのある市松模様も同様である。

とはいえ、ミ・パルティであれ縞柄であれ、それらの模様は必ずしも二色で塗り分けられているとは限らない。たとえば、一五世紀前半のイタリアで、フェラーラのエステ家に仕えた道化ゴネルラを描いた肖像画には、黄色と緑色と、ややニュアンスを異にする二種類の赤色の、あわせて四色の布の縦縞の服が描かれている（図VI－2）。つまりここでは、二色の配色とそのくりかえしというより、複数の色を使うことがむしろ問題なのである。時代はくだって一五七三年にマリー・ド・ロミユーなるひとによって書かれた女性教育書に、つぎのように述べる箇所があるのも、このことを示唆している。

VI-2《道化ゴネルラ》（ジャン・フーケ画、1440–1445年、ウィーン美術史美術館）

若い御婦人は、一度に数色で身を飾るようなことがあってはなりません。殊に緑と金のように輝く黄色、赤と麦藁色の黄色のような不調和な組み合わせや、それに似た香具師(やし)を思わせるいやな組み合わせには、気をつけなければなりません。……お隣りの御婦人はよく、衣裳の身頃と袖だけで四色を使い、さらに靴下と履物に二色を使いますが、これはひどく趣味の悪いことです。衣裳の身頃は雑多な感じで、道の向こうからも彼女の服が見えるという具合です。(2)

前半の部分はあきらかに道化や芸人の配色を意識し、それを避けるように忠告し、後半は装いに多数の色を同時に使うことを戒めている。服装の色使いに対するこのような一六世紀の考えかたは、おそらく中世の色彩感の延長線上にある。たくさんの色を使うことはどうして嫌がられたのだろうか。

娼婦のしるし

たくさんの色を使うことへの抵抗感を語る前に、中世に縞柄がいかに嫌われ断罪された模様であったのか、まずその事情をパストゥロー氏の書物を借りてみておこう。(3)縞が嫌われたことを証す一例として、氏はカルメル修道会が縞の修道服を放棄せざるをえなかった一三世紀の事件について述べている。

カルメル会は預言者エリヤを創始者として仰ぎ、一二世紀にパレスティナに創設された修道会である。彼らが白と茶（あるいは黒）の縞柄を修道服としたのは、旧約聖書「列王記下」第二章で、創始者の預言者エリヤが火の車で天に上るとき、弟子のエリシャに白い衣を投げ与えたという記述による。縞柄は、エリヤの白い衣が炎で焦げた跡なのである。このような由来があったにもかかわらず、縞柄の修道服はヨーロッパの行く先々でスキャンダルを巻き起こした。一二五四年、カルメル会修道僧がフランス王ルイ九世とともにパリに着いたとき、その修道服は激しい嘲笑と非難を浴びた。彼らが行くところ、イタリアでもイングランドでも同様で、やがてローマ教皇がこの僧服の放棄を命じ、一二八七年に修道会がこの僧服の放棄を決定するにいたって、悶着は収拾されたという。縞柄がなぜこれほど嫌われねばならなかったのか。中世の人びとが縞柄に悪いイメージをもっていたことを示す事例はほかにもいくらでもある。

たとえば、娼婦に縞のしるしをつけさせることがあった。ユダヤ人に黄色のしるしをつけさせたのと同じ発想である。市井の人びとの生活に題材をとった小話（ファブリオ）にしばしば登場するように、中世の町にも娼婦がいたし、売春宿もあった。にぎわう市街や定期市のたつ地域で客を引く彼女たちに対して、一二世紀までは特別のことはなかったが、しかし一三世紀後半以降は彼女たちをユダヤ人と同様に穢れた存在とみなし、社会から排除しようとする傾向が強くなったといわれる。一三世紀半ばのアヴィニョンでは、ユダヤ人と娼婦は市場で食物に触れたら必ずそれを買わなければならない、という条例があったという(4)。娼婦に近寄らないためには、娼婦であることが人びとにわからなければならない。当初は被りものやヴェールの着用を禁止するといった程度であったものが、やがてはっきりとしたしるしづけとなり、

VI-3 ボルツァーノ、サン・ドメニコ教会壁画（1340年頃、伊藤亜紀氏撮影）

そのしるしに縞模様が選ばれることになったのである。

たとえば、一三五三年のイングランドの議会の決定に、娼婦に数色が縞になった服を着せるという一条があった。ヨーロッパの各地でおこなわれたこの種の条例には、肩に赤いリボンをつけさせたり、腕に白い腕章を巻かせたり、黄色のマントを着せたり、さまざまであったが、多色の縞をつけさせるというのがひとつの典型であったようである。(5) 縞柄は娼婦のしるしとして当時の社会で機能したのであり、少なくともそのようなイメージが一三世紀のカルメル会の修道服に抵抗した人びとのこころの内にあったということである。

パストゥロー氏は、売春を表している縞柄として、北イタリアのボルツァーノのサン・ドメニコ教会に残る一三四〇年頃の壁画を紹介している。それは、サンタクロースとして知られている聖ニコラウスの伝記にもとづいた一場面である。壁画の左端には没落して、打ちひしがれた様子の父親の姿があり、その傍に三人の娘が白と茶（あるいは黒）の太い斜め縞のドレスを着て立ちすくみ、家の外では聖ニコラウスが彼らに財布を投げ込もうとしている（図VI－3）。生活の糧を得るために三人の娘は売春を余儀なくされ、それを哀れと思った聖ニコラウスが彼女たちを救ったという聖者伝にしたがって描かれた壁画である。ここで三人の娘の衣に大柄の縞模様が描かれているのは、彼女たちの売春を示すためである。

売春を縞で示すことは後に、マグダラのマリアを描く際に縞の布を添える絵画上の習慣として残った。たとえばティツィアーノが描いた《改悛するマグダラのマリア》には、赤と青

VI-4《改悛するマグダラのマリア》（ティツィアーノ・ヴェチェッリオ（1490頃-1576年）画、1565年頃、サンクトペテルブルク、エルミタージュ美術館）

の細い筋が縞をなしたショールのようなものが、左腕から右の腰の辺りに巻きついているし（図VI－4）、ブレッシャニーノが一五二三年頃に描いた《聖女マグダラのマリア》には、薄い黄色の地に赤と緑の、太い縞に細い縞を組み合わせたなかなか凝った柄の布が左袖から右肩を覆っている。マグダラのマリアは、イエスの教えにしたがって放埒な生活を悔い改めた女性であり、そのような彼女の前歴を語らせるために縞柄が添えられているのである。

運命女神

縞模様の、しかもその縞柄がさまざまな色で塗り分けられたドレスを着て登場する人物が、中世の写本挿絵のなかにひとりいる。すなわち、ひとの運命を司る運命女神である。彼女がなぜこのようなドレスを着ているのか、テクストのなかで彼女がどのような性格の人物として描かれているのかを知れば、中世の人びとが縞と複数の色使いを嫌悪した理由がわかるだろう。

運命女神は、ひとの生涯の有為転変を司ると考えられた文学上の女神である。女神は五世紀のボエティウスの著作『哲学の慰め』に登場したのが最初であり、この著作で論じられた運命論が一三世紀から一五世紀の作家たちにとりあげられて再登場し、写本挿絵に少なからず現れることになった。女神は必ずしも縞のドレスを着て描かれているわけではないけれど、美しい縞のドレスを着た姿は少なくない(6)。なかでもフランス国立図書館分館（アルスナル図書館）が所蔵するボッカッチョの『王侯の没落』のフランス語訳写本のなかに描かれた女神は、見事なまでにたくさんの色を使った縞の服を着ている（図VI－5＝口絵）。青・赤・黄・白・灰・緑など九色の帯が四〇本以上も水平に重なった派手なドレスである。千手観音のように左右に六本ずつの腕が突き出ているのは、テクストに記されているように、ひとそれぞれに運命を分かち与える一〇〇の手を表すためである。目に白い目隠しが巻かれているのは、ひとに運命を分かつ彼女のやりかたが気紛れで脈絡がないことを示している。

VI-6《運命女神》（『運命と美徳の闘い』15世紀、サンクトペテルブルク、ロシア国立図書館Ms. Fr. v. XV. 6）

ロシアのサンクトペテルブルクの国立図書館が所蔵する写本で、ジャン・フーケの制作になる女神はいっそう美しいドレスを着ている。鮮やかな赤と青と緑と黄が斜め縞になった優雅な衣裳の女神は、運命の車輪とともに描かれ、彼女は車輪に手をかけ、回しているところである（図VI－6）。彼女の回すこの運命の車輪の上にひとがあるとき、それは富と名誉に恵まれた幸せなときであるが、やがて車輪がぐるりと回って車輪の下に落ちてしまうとき、ひとは富も名誉も失い、人生の悲哀を味わう。ひとの禍福が予想できないのは、彼女が車輪を回す行動に理屈がなく、彼女の意思がしょっちゅう変わるためである。すなわち女神が多色の縞のドレスを着るのは、このような彼女の気紛れな性格を表すためである。

彼女の服装についての描写はテクストによって長短さまざまだが、つぎに引くのは、衣裳を構成する色の意味をいちいち述べており、興味深い。一四三一―一四三八年にジョン・リドゲイトによって英語で翻案された『王侯の没落』の一節である。

彼女の衣裳はたくさんの色でできていた。
不動性が偽りであることを示す薄い青と、
湿っぽい雨のなかの太陽のように弱々しい金に、
変動と二面性を示す明るい緑が混じっている。
贋ものの赤は大胆不敵さの混じった畏怖の色、
白は沈む太陽のような清浄の色、
贋ものの黒は悲嘆の色、赤茶は労苦の色。
さまざまな毛糸の混じった彼女の姿は、
あるときは曇り、あるときは輝く。(7)

不動性の青、変動と二面性の緑、大胆不敵の赤、悲嘆の黒、労苦の赤茶という色の意味の説明は中世の常識にしたがっている。「あるときは曇り、あるときは輝く」という最後の文章から、彼女の全身を垂直に二つに分け、顔もドレスもふくめて黒と白のミ・パルティをもって彼女の二面性を描く挿絵も少なくない。

ところで、たくさんの色で構成されているドレスはあきらかに彼女の気紛れな性格に由来しているのだが、しかしながらテクストの描写は特に縞柄であるとは述べていない。にもかかわらず、テクストのこのような描写を縞模様で表すのは、おそらく画家の判断によるのだが、それは先に述べたような縞柄の忌まわしいイメージが重ねられているからであろう。たくさんの色をいっせいに使うことには、縞模様と同じような負のイメージがあったということである。中世の人びとにとってたくさんの色を使うことは気紛れな性格を示すことであり、身持ちの悪さを示す縞柄に通じることであった。

楽師への蔑視感

左右色分けの服や縞柄の服を着た人びとには、道化のほかに大道芸の芸人や軽業師、あるいは楽器を奏する楽師らがいる。大道芸の芸人を描いた挿絵は残念ながら少なく、彼らの縞の服装を図像に確認するのは難しいが、楽師が左右色分けや縞を着た様子なら写本挿絵にいくらでも確認できる。所有者の名前をとってマネッセ写本と呼ばれ、今日ではドイツのハイデルベルク大学の図書館が所蔵する一三世紀の写本には、楽器をかかえて、さまざまな縞柄

VI-7 大ハイデルベルク歌謡写本（マネッセ写本）より（1305-1340年、ハイデルベルク大学図書館Cod. Pal. germ. 848, f. 399r)

の服を着た楽師たちを描いたカラフルな挿絵がある（図VI－7）。多くは横縞だが、縦縞もあるし、縞の幅も狭いものから広いものまで、あるいはジグザグ模様を描いている縞など、じつに多様である。音楽を奏でる祝祭のにぎやかな雰囲気を盛り上げているようでもあり、おそらく楽曲によって人びとを歓ばせる彼らの使命がこの模様に込められていたのでもあろう。

ところで、このような姿を残している楽師とは、いったいどのような人たちなのだろうか。彼らの社会的地位について論じている上尾信也氏によれば、歌や楽曲にたずさわるひとには、自ら歌うこともあったかもしれないが、むしろ詩や歌を創作する宮廷歌人と、彼らの供をして作品を歌い、奏することを職業とする楽師の二種類の人びとがいたという[8]。前者の創作歌人はドイツ語でミンネジンガー、北フランスではトルヴェール、南フランスではトルバドゥールと呼ばれ、後者の楽師はジョングルールと呼ばれたひとたちである。つまり、本書で資料として引用している文学作品などの物語を創作したのはトルヴェールといわれるひとたちであり、彼らの作品は音楽とともにジョングルールによって語られ、当時の宮廷人はこのようにして作品を享受した。作品は写本で読むというよりジョングルールの語りを聞いて楽しむことの方がはるかに普通であったのだ。

マネッセ写本に描かれている、派手な縞柄の服のひとたちは、あきらかにミンネジンガーというより、歌って聞かせるジョングルールであるように思われるが、ではジョングルールの社会的地位とはどのようなものであったのか。上尾氏によれば、彼らは音楽に携わるがゆえに、「その技は悪魔の仕業」とするキリスト教による蔑視の観念をもたれていたという。彼らは神学者によって、役者、道化、軽業師、曲芸師、熊使いなどと同等に扱われ、さらに売春婦、賭博師、手品師といった商売のなかに分類されることもあったという。上尾氏は、これらの蔑視は建前上であったとも述べているが、基本的にこのような蔑視があったこともたしかであるという。そのように蔑視感をもたれた楽師であるなら、縞やミ・パルティの服を着るのはもっともなことであろう。

VI-8《聖マルティヌスの騎士叙任》（シモーネ・マルティーニ（1284頃-1344年）画、14世紀、アッシージ、聖フランチェスコ聖堂下堂壁画）

縞とミ・パルティの両者が組み合わされた衣服の例をもうひとつつけくわえておこう。イタリアのアッシージの聖フランチェスコ聖堂下堂に残る聖マルティヌスの生涯を描いた一連の壁画のなかの一枚である。図VI－8は四世紀のローマの軍人のマルティヌスが騎士に叙任される儀式の場面である。軍人でありながらキリスト教に改宗し、やがてトゥールの司教となったという聖者伝にもとづいて描かれている。壁画の制作は一四世紀、したがって当時の習慣にしたがって、剣を佩き、拍車をつけ、若きマルティヌスが騎士となる場面である。背景にはシトールを奏でる楽師と笛を吹く楽師の二人が儀式を盛り上げている様子が描かれているが、いずれもミ・パルティを着ているのは当然として、笛を吹く左側の楽師のミ・パルティは黄色が組み込まれた大きな横縞で、しかもその模様は帽子にもいたる念の入れようである。ミ・パルティと縞と黄色という三つの負の要素を組み合わせたこの扮装は、これ以上はありえない徹底した芸人の恰好である。

宮廷奉公人とミ・パルティ

縞やミ・パルティを着るひとには、さらに宮廷の奉公人がいる。食事のサービスをするために食卓の傍に控える給仕人がこの種の模様の服を着ている姿は、特にイタリアの壁画や写本挿絵に頻繁に登場する。

たとえば、フィレンツェのサンタ・クローチェ教会にジョットが描いたとされるヘロデ王饗宴の場面には、ミ・パルティの服の給仕人と、大きな斜め縞の服の楽師がそろって登場している。残念ながら色がかなり剝げ落ち、本来どのような色の組み合わせだったかははっきりしない。一方、図Ⅵ－9は、食事の前に手を洗う光景を描いた珍しい写本挿絵だが、ミ・パルティと縞の模様が鮮明に残っている。右端で水を注ぐひと、中央で大きなナプキンを肩にかけているひと、そして左側で水を受ける盥（たらい）をもっているひと、それぞれが赤茶と青で色分けした服を着ている。さらに中央で手を洗うひとには太い斜め縞が見えるが、客人としか思えないこの人物は、なぜ奉公人のような恰好なのか。じつは画面の下に記名があり、彼はアーサー王の騎士のひとり、パラミデス（パロミデス）である。パラミデスは、トリスタン

VI-9《食卓のイズーとアーサー王》(『散文トリスタン』1320-1330年、フランス国立図書館Ms. fr. 755, f. 115r)

とイズーの愛に嫉妬し、トリスタンを殺そうとした人物で、物語のなかで悪役になることが多い。そしてなにより彼はもともとイスラム教徒であったという出自が、不名誉な縞柄で描かれる理由だろう。縞はこのような使いかたがされる。

イタリアの絵画が奉公人をほとんどミ・パルティの服で表しているのに対し、フランスでは彼らの服はもっぱら縞である。一四世紀の王侯貴族の館の給付記録には、フランドル地方で生産された縞の毛織物ばかりが記されている。縞の色や柄の詳細はよくわからないものの、ヘント、イープル、ドゥーエイなどの産地名を伴って、縞の布がナプキン係りや酒倉係(ソムリエ)、酌取などの食事の係、衣裳保管係、部屋係、侍従、盾持ちなどに支給されている。(9)

宮廷には王侯貴族の普段の生活を世話す

るさまざまな奉公人がいたと思われるが、この人たちが芸人や道化と同じ縞やミ・パルティを着たということは、同じように蔑視された存在であったということなのだろうか。そうかもしれないが、ただしひとつ注意したいことがある。それは食事や身の回りの世話をする人たちのなかには、騎士に叙任される前の貴族の子弟が混じっており、必ずしも身分の低い者ばかりではなかったという事実である。貴族の家に生まれた男子は、自分の家よりも格の高い家に預けられ、武芸の稽古を積み、生活の雑事を手伝いながら行儀作法を学ぶのが習わしであった。そのような訓練を経て、一〇代後半で騎士に叙任され、一人前の男子として認められることはすでに第I章で述べた。じつは叙任式を迎える前の少年や子どもたちに、つぎに述べるようにミ・パルティや縞の服がおおいに流行した時期がある。つまり少年と奉公人の両者がそろってミ・パルティや縞を使うことは、両者の重なりを示しているようなのである。

ミ・パルティを着て婚礼に列席

少年たちの縞やミ・パルティは、芸人の場合ほど大胆な柄ではない。とはいえ、大人たちには決して見られない縞やミ・パルティが少年たちには見られる。しかも縞とミ・パルティ

VI-10《兎を追う少年》（マッテオ・ジョヴァネッティ（1322頃-1368年）画、1343年、アヴィニョン教皇庁「鹿の間」壁画）

が組み合わされたようなデザインさえ見られる。このような柄は一四世紀前半に特に流行したらしく、当時の文書にも図像にもいくらでも確認できる。

たとえば、一三一六年に即位したフランス王フィリップ五世の義理の弟にあたり、アルトワとブルゴーニュを治めた女伯マオの長男ロベールは、即位の儀式にミ・パルティを着て出席しており、しかも片側には縞の布を使っている。残念ながら模様の詳細はわからないが、この頃一六歳と推定されるロベールには、ほかにも同種の服がずいぶんと記録されている。たとえば、青い布と黄色い布を合わせたミ・パルティで、青い布には赤い筋が入っているもの、あるいは赤い布と桃色の布を合わせたミ・パルティで、赤い布には金盞花色の二本の筋が入っているものなどである[10]。縞ではなく筋と記されているから、細い線条が入ったにすぎず、芸人の派手でめだった縞柄とは趣が異なる。とはいえ、このようなデザインは大人の貴族には決して現れないのであるから、やはり芸人の服との類似を感じさせる。

アヴィニョン教皇庁の宮殿「鹿の間」に描き残されている少年たちの服装は、ロベール少年の服をまさしく思わせるものである。マッテオ・ジョヴァネッティによる一三四三年の制作とされるこの壁画には、鹿や兎を追い、魚を捕って遊ぶ少年たちが描かれており、そのなかにミ・パルティを着た何人かの少年がいる。兎を追う少年の服は左側に青い布、右側に茶色の布を合わせたもので（図VI－10）、茶色の布には細い線条が横に数段入っており、ロベ

VI-11《聖ウルスラ伝》壁画より（トンマーゾ・ダ・モデナ（1326–1379年）画、1352年、トレヴィーゾ美術館）

VI-12 フィレンツェ、サンタ・マリア・ノヴェッラ教会壁画（1365年）

VI-13《福者アゴスティーノ・ノヴェッロの祭壇画》部分（シモーネ・マルティーニ画、1324年、シエナ国立絵画館）

ールの服はこんな風ではなかったかと思わせる。

アヴィニョンの壁画が示唆するように、ミ・パルティの意匠はイタリアとその文化の及んだ地域に多く見られ、イタリアに起源があるように思われる。トレヴィーゾ美術館が保存するトンマーゾ・ダ・モデナの一三五二年の作品で、聖ウルスラ伝を描いた壁画には、背丈の様子から大人とは思えない二人の男の子にミ・パルティが見えるほか、母親に促されてひざまずいたようにみえる女の子にもミ・パルティが見えるから（図VI－11）、このデザインは男の子に限るわけでもない。フィレンツェのサンタ・マリア・ノヴェッラ教会には、現世の快楽のはかなさを表しているという優雅な輪舞の情景を描いた一三六五年の壁画がある。このなかには大きな横縞の衣裳とともに、大胆なミ・パルティを着た若い女性の姿もある（図VI－12）。シモーネ・マルティーニがさらに大きな横縞を着た子どもを描いているのも、同じ一四世紀前半の作品においてである（図VI－13）。

フランスに話を戻すと、一三五二年、国王ジャン二世の王女ジャンヌがナヴァール王と結婚したとき、彼女の兄弟や近親の少年たちがそろって、藍色と金襴、および藍色と赤色の二種のミ・パルティを作ってもらっている[11]。結婚するジャンヌは九歳で、すでに二度目の結婚である。列席した兄弟とは、一三三八年生まれで一四歳の、後にシャルル五世となる王太子のほか、アンジュー伯をすでに名乗っていた一三歳のルイ、後のベリー公である一二歳のジャン、そして一〇歳のフィリップである。王太子シャルルもすでに結婚していたが、同い年の妻の兄である一五歳のブルボン家のルイ、従兄にあたる一六歳のオルレアン公フィリップ、継母の連れ子である六歳のフィリップ、彼らもまた同様のミ・パルティであった。六歳から一六歳までの王室の若者が婚礼の儀式にそろってミ・パルティを着て列席したということである。

教育としての家庭奉公

少年たちにミ・パルティや縞の服が流行り、一方で宮廷の奉公人に同じデザインが給付されている。少年たちが奉公人の一部をなしているがゆえに、両者が同じデザインを着るというのは、必ずしも私たちにはわかりやすいことではない。子どもたちと奉公人とでは、私たちにはどうしても概念が異なると感じるからである。しかし、このような感じかたは、純真無垢といった子ども特有の性質に価値を置く現代人のものであり、じつはヨーロッパの歴史のなかでは子どもと奉公人が重なり、あるいは両者の区別の曖昧であったことは、すでにアリエスによって指摘されている。(12)

アリエスによれば、貴族階級ばかりか、商人たちのあいだでも、家庭奉公が教育の課程としてヨーロッパの歴史には長らくあったという。そのことを端的に示すのがことばの使いかたで、中世末期にフランス語の子ども (enfant) という語は、小間使いや召し使いと同義であったといい、今日、喫茶店のウエイターを少年という意味のギャルソン (garçon) と呼ぶのは、その名残なのだという。子どもの教育の中心に家庭奉公があり、子ども期とは、従属・依存という観念と深く結びついているのだというアリエスの説明を知れば、少年たちと奉公人が同じ服を着ることも納得できよう。黄色や緑の使いかたには子どもと道化との類似を感じさせ、そして縞やミ・パルティの使いかたからは子どもと奉公人との重なりを感じさせる。いずれにしろ、色と柄の類似性の大きさは成人前の少年たちを一人前とみない、中世人の意識が作用している。

上に引いた王室の少年たちにも、ロベール少年にも、ミ・パルティを着る機会に王の即位式があったように、晴れの儀式にあってもミ・パルティは着られている。むしろ華やかな儀式であればこそ、ミ・パルティが好まれたのかもしれない。芸人や道化や楽師が、あるいは刑を執行する刑吏もまた、派手な縞やミ・パルティを着て、見せ物のお祭り気分を盛り上げたのと同じように、子どもたちのミ・パルティにもまたスペクタクル的性格が求められたのかもしれない。それもふくめて中世の子どもたちは、芸人や道化と同じ世界の住人なのである。

第Ⅶ章　紋章とミ・パルティの政治性

政治的な主張

衣服の色を左右で分けるミ・パルティのデザインは、社会が道化や芸人にその着用を課し、その結果として彼らを蔑むしるしとして機能したことは、前章でみたようにきわめてはっきりしている。ところが、同じ中世に、それとは逆に積極的な意思表示の手段として使われ、政治的な意味の伝達を担ったミ・パルティがある。ある種の人びとを差別する意識の表れであったと同時に、政治的な主張としても使われたという、紛らわしいミ・パルティの世界は、つぎの写本挿絵にシンボリックに表されている（図Ⅶ－1＝口絵）。

図はフランス王シャルル六世の妃がパリに入市する場面で、大勢のパリ市民が赤と緑が半々になった衣服を着て市門に彼女を出迎えているところである。図をよく見ると、画面左にまったく同じ配色の衣服を着た道化の姿もなぜか描き込まれている。道化のミ・パルティはすでにみたように彼らに強制されたユニフォームであるが、一方の市民服は紋章に発した色の組み合わせで、道化服がもつような蔑視がここにあるわけではない。同一の配色でありながら正負の両側面を表しているミ・パルティを同じ画面に描き込む中世の人びとの感性には当惑を覚えるかもしれない。はたして、これらのミ・パルティは互いに反するものなのだろうか。

シャルル六世（在位一三八〇―一四二二年）の事績を語ったフロワッサールの『年代記』に付されたこの挿絵についてもう少し説明を加えよう。図はシャルル六世妃イザボー・ド・バヴィエール（一三八五年に結婚、一四三五年没）の一三八九年のパリ入市の情景を描いている。城塞都市としての中世ヨーロッパの町の例にもれず、パリも城塞に囲まれ、右手奥にはノートル・ダム大聖堂がのぞいている。イザボーはパリの街の北にあるサン・ドゥニ門に到着したところである。

彼女はドイツのバイエルンの出身であるから、青地に金の菱形を並べた実家の紋に、夫のフランス王家の紋を組み合わせた柄の馬衣や旗が見える。イザボーは王家の紋章を表したマントをまとい、したがう貴族は白地に黒い斑点が浮かぶアーミンの毛皮つき衣裳を身につけ、絢爛豪華な行列の様子がしのばれる。一方、妃を迎えるのは赤と緑のミ・パルティの服を着た人びとで、彼らが一二〇〇人におよぶパリの上層市民であったことは、フロワッサールが証言している[1]。市門の傍で塀の上にいる同じ配色の服の人物が道化であることは、ロバの耳のついた頭巾と手にもつ棍棒からまちがいないけれど、このような場に道化が連なったのかどうか、フロワッサールも語っておらず、不明である。道化服の赤と緑の配色はよくみられるものだが、では市民服の赤と緑の由来は何か。紋章の色に由来するとするなら、誰の紋章なのか。

以下ではこのような市民服のミ・パルティの意味を解きたいと思うが、色の詮索をする前に入市式とはなにかを説明しておかねばならない。

入市式は一大スペクタクル

入市式とは、文字通り町を訪れる王侯を市民が迎える儀式である。[2] 王侯は自らが治める領土内を、さまざまな理由から旅をしている。旅の途次の王に町は宿舎を提供し、食事をふるまう。ゆえに入市式とは、葡萄酒や肉、皿やナプキンなどの贈呈の儀式であったのが本来である。右の例では王妃が公式の住まいをもつパリへ入市する際の儀式だから、贈呈というよりはむしろ歓迎の儀式と考えた方がよいかもしれない。実際、国王がランスの大聖堂で戴冠式を挙げた後、はじめてパリに入市する際にもっとも盛儀として整えられたというから、入市式は単純な贈呈式を越えた儀式である。

すなわち国王にとって、入市式は支配者としての自らの存在をアピールできる機会であり、政治的な意味は大きかった。戴冠式や葬儀ほどの重要性はもたなかったにしても、これらがランスとパリの限られた人びとを証人としたのに対し、入市式は旅先のフランス各地でおこなわれたから、君主国としての国民の意識を育てるのに効果があったのである。都市を取り込みながら君主国としての体制を整えるのに貢献した儀式が入市式である。

一方、都市はその権勢を王に示す必要があったのだろうか、入市式は次第に都市が主催する一大イベントとして展開していった。一四世紀半ばから一五世紀半ばまで、この儀式は町が多額の資金を投じて準備する、ブルジョアジーによる一大スペクタクルの場と化したのである。市民のそろいのミ・パルティの服が現れるのは、まさに儀式がそのような祝祭へと変貌を遂げたときである。パリ市民がそろいの服を着てはじめて王を迎えたのは、一三五〇年、フランス王ジャン二世が戴冠式の後、パリに入市したときであるといわれる。パリの手工業者（メチエ）や上層市民（ブルジョア）がそろいの服を、そしてパリ在住のイタリア商人がミ・パルティを着たことが伝えられているが、残念ながら色彩については伝えられていない。

そして次王シャルル五世が一三六四年に即位後、はじめてパリに入市したときに、市民は緑と白のおそろいの服を着て王を迎えた。それまでは簡素な儀式であった入市式がこの機会に趣向を凝らした大掛かりな祝祭へと変わった。つづいて一三八〇年にシャルル六世を迎えたパリの街角には、葡萄酒と牛乳が泉からこんこんと湧く仕掛けがつくられ、その新奇な趣向に群衆は目を奪われたと伝えられている。また、聖史劇が演じられ、その登場人物やワンシーンを表した舞台が、サン・ドゥニ門からノートル・ダム大聖堂まで国王一行の通る沿道を飾ったという。市民がそろってミ・パルティの衣服を着て連なるという行為が、このようなスペクタクル的趣向のひとつであったことはまちがいない。シャルル六世を迎えた市民の数は二〇〇〇人にのぼるのだから、そろって緑と白のミ・パルティを着て集うさまは壮観である。上述のイザボー・ド・バヴィエールのパリ入市は、このような時代におこなわれた祭典なのである。

都市の自治権と王権のバランス

入市式は、しかし単なるお祭りではない。国王側に政治的意義があったように、都市にとっても同様の事情があり、国王と都市、双方の思惑のなかで成り立っていた。すなわち入市式は王権と都市の自治権との拮抗のなかで生まれた儀式である。では都市と国王の関係はどのような経緯を歩んできたのだろうか(3)。

一一世紀末から一二世紀にかけてのフランスの国土は大小の領主によって分割、支配され、フランス王もそのなかの一領主であるにすぎなかった。そのような時代、王の支援を受けて都市は、都市領主の支配と闘ったという歴史をもっている。大領主とはいえ一領主にすぎなかった王が都市と利害をともにしたからで、その結果、都市は多かれ少なかれ自治権を獲得することができた。経済力を背景に強力な自治を獲得したのは、トゥルネイ市など毛織物産業で栄えたフランドルの諸都市であり、または南部のトゥールーズ市など執政都市と称された都市であった。

しかし、一三世紀以降、王が一大領主から一国の君主として王権を拡大しはじめると、王権は都市の行政に介入するようになり、次第に都市は国家の官僚機構に組み込まれていくことになる。つまり入市式とは、このような都市と国王の関係の歴史のなかで生まれ、要するに都市の自治権と国王の大権のバランスの上に成り立っていたといえる。ゆえに、王が都市に入るために格別の儀式を必要としたのは、国王が都市の自治を尊重しなければならなかったからであり、実際、入市式において、王は都市の自治を守ることを宣誓するのが習わしであった。

王と市民の力の拮抗のなかに入市式があったとするなら、市民がそろって着るミ・パルティの衣服は単に人びとの眼を楽しませ、お祭り気分を盛り上げるためだけではすまされない。中世は何色を着るかが意味をもった時代である。

青い帽子か白い帽子か

たとえば、市民と都市領主の葛藤のなかで、市民が決起の合図としてそろって同じ色を身につけることがしばしばあった。ヘント市民とフランドル伯の抗争では、一三七九年の反乱の際、市民がそろって白い帽子を被り、シャプロン・ブラン（白い帽子）と呼ばれたことがある。一四五二年、塩税の導入をめぐってヘント市民とフランドル伯（を兼ねたブルゴーニュ公）のあいだに紛争が起きたときにも、ヘントの反乱分子は白い帽子と呼ばれている。白はフランドル都市の紋章の色であり、これを抵抗のシンボルとしたのである。

あるいは、一五世紀初頭の英仏間の百年戦争の渦中、王党派とブルゴーニュ派の争いに巻き込まれたパリでは、市民が青い帽子を被ったり、白い帽子を被ったりした事実も伝えられている。たとえば一四一一年、パリ市民はブルゴーニュ派に加担し、それを表すために青い帽子を被った。青い帽子には聖アンドレの斜め十字架がつけられていたから、青い帽子はあきらかにブルゴーニュ家の紋章の色に由来していた。ブルゴーニュ家の紋は青地に金の百合の花の王家の紋章に、斜め十字架をあしらったものである。翌々年の一四一三年には今度はパリ市民は白い帽子を被ったが、これはブルゴーニュ派がフランドル諸都市と連帯したためであった[4]。紋章の色を身につけることによって、政治的な主張が示された時代だったのである。

このような色の使いかたがあるとするなら、入市式のそろいの服の色にも意味がないはずはない。イザボー・ド・バヴィエールを迎えたパリ市民がそろって着けた赤と緑は、同じように紋章の色に由来するのだろう。その紋章とは、自らのパリ市の紋章ではなく、王権に従属した特恵都市ゆえに王の紋章であり、赤と緑はその色に由来するのではないか。ただし、ここでいう王の紋章とは、青地に金の百合の花の王室の家紋ではなく、「ドゥヴィーズ（devise）」という一四世紀半ば頃から王侯のあいだで流行した遊戯的な紋章である。いわゆる家紋や都市の紋章が地の色の一色を主要な色とするのに対し、ドゥヴィーズは等価の二色から四色の複数の色をもつのが一般である。それが選択されればミ・パルティが構成され、冒頭に示した図のパリ市民の服のような左右色分けとなるであろう。そしてここには市民が王の色をつけ、忠誠を誓うのか、あるいは町の色をつけ、都市の権利を主張するのかという政治の問題が横たわっている。

歴代の「王の色」

一四世紀から一五世紀の王侯貴族は、いわゆる家紋とは別に個人的な、多分に遊戯的な「ドゥヴィーズ」と呼ばれる紋章をもっていた。ドゥヴィーズという語は、今日では紋章に付される標語（モットー）を指して使われることばであるが、中世では標語にかぎらなかった。文様と色彩と標語のすべてを指し、すなわち王侯は何らかの図柄を自らのシンボルマークとし、また自らのシンボルカラーを決め、そしてモットーをもち、これらすべてをふくめてドゥヴィーズと呼んだのである[5]。

シャルル六世は、青地に金の百合の花の家紋のほかに、鹿、馬、虎、羊、孔雀、一角獣、燕、エニシダ、あるいは泉(バサン)など数多くのシンボルマークを生涯にもった。図Ⅶ－2の欄外に写実的に描かれている花や莢(さや)をつけたエニシダ（ヨーロッパ原産のマメ科の植物で、六月に黄色の花を咲かせた後、莢状のマメができる）、そして孔雀はシャルル六世のドゥヴィーズである。シンボルカラーとしては即位の一三八〇年には白と緑を、その後は赤と黒を加えて白・赤・緑・黒の四色をもち、モットーは「過ちをおかさず（Je ne faillerai jamais）」であったことが知られている。つまりドゥヴィーズはいくらでも変更できるものだったし、複数の文様を使い分けることも可能で、武芸試合などの祝祭に合わせてそれをつくり、そこに心情的なものを込めることもあった。そのような意味で遊戯的なのである。

ドゥヴィーズの図柄と色とモットーは、それぞれ独立して衣服や調度品の装飾として使われることが多く、したがって衣裳や家財の調達記録には頻繁に記載があり、今日まで伝えられてきた。シャルル六世の場合であれば、エニシダの枝や莢を衣裳に刺繡したとか、シャルル六世王の四色の色糸で飾りをつけたとか、あるいはモットーを構成する単語jamaisを衣裳に刺繡したとかという記載をいくらでも見つけることができる。先の図で右からふたりめのシャルル六世の黒衣の胸にはエニシダの枝と孔雀の羽根が刺繡されているようにみえるだろう。図Ⅶ－3（＝口絵）には彼の衣服にモットーと虎（犬にみえるが虎のつもりである）の模様が表されているのがみえるし、背後の天蓋の縁には四色のシンボルカラーがみえる。

ただし、ドゥヴィーズについての情報はこうした写本挿絵や会計簿の断片的な記録と、武芸試合を記録するわずかな文書に頼るしかないから、各々の図柄や色がいつ使われたのか、その時期を正確に知ることには限界がある。

VII-2《シャルル6世のドゥヴィーズ、エニシダと孔雀と標語》(『シャルル6世の質問とピエール・サルモンの答』1412–1415年頃、ジュネーヴ大学図書館Ms. fr. 165, f. 4r)

さて、ドゥヴィーズの三要素のうち色彩は、さすがに色への関心の強い中世であったから使われる場が多かったのだろう、「王の色（couleur du Roi)」という特別の表現を生んだ。ちなみに歴代の王の色は以下の通りである。

シャルル五世（在位一三六四―一三八〇年）の色は白と緑、シャルル七世（在位一四二二―一四六一年）の色は白と赤と緑、シャルル八世（在位一四八三―一四九八年）は赤と黄（正確にはタンニン色）だった。シャルル六世の色はすでに述べたように、即位の年には白と緑であり、その後、白と赤と緑と黒となった。一三八〇年のランスでの戴冠式の後はじめて同王がパリに入市したとき、迎えた市民は二〇〇〇人におよび、彼らはそろって白と緑のミ・パルティを着たことがわかっており、この二色が王の色に由来することも知られている(6)。ゆえに一三八九年に妃イザボーが入市したときの赤と緑は、その頃の王の色の四色のなかの二色とみるのが自然だろう。とはいえ、ではなぜ四色のなかから赤と緑の二色が選ばれねばならなかったのかという疑問が生じる。残念ながら証言の記録がないため、これに答えることはできないが、ただ、なぜ四色でも三色でもなく、二色でなければならなかったのかは、この種のミ・パルティをもう少し見ていけば納得できる。要するに二色の配色によるミ・パルティが好まれた時代なのである。

パリ市役人のユニフォーム

パリ市民が王の色を身につけるということは、王に忠誠を誓い、恭順の気持ちを示しているということである。パリ市には市の紋章があり、迎える相手によってはパリ市の紋章の色を着ることも可能である。

たとえば一三七七年、神聖ローマ帝国の皇帝カール四世がパリに入市した際、パリ市民はそろって白と赤のミ・パルティを着て歓迎しているが、これがパリ市の当時の紋章の色にちなむことは想像に難くない（図Ⅶ－4）。神聖ローマ帝国皇帝に恭順の気持ちを示す必要はないからである。

VII-4《カール4世皇帝のパリ入市》（『フランス大年代記』1380年頃、フランス国立図書館Ms. fr. 2813, f. 470v）

中世に成立したパリ市の紋章は今日なお使われているけれど、一四世紀の紋章は、赤い地に白い帆舟が浮かんだだけの素朴なマークである。この帆舟のマークは、「たゆたえども沈まず」というモットーとともに、パリがセーヌ川の河川交易で開けた町であるという由来を語っている。起伏が少ないため、豊かな水量でゆったりと流れるフランスの河川は、運河でつなぎあわされ、物資運搬の手段として今日なお機能している。セーヌ川もそのような河

(上)**VII–5–1** パリ市の紋章（『シャルル6世の勅令』1416年、フランス国立文書館AE/II/434）
紋章の帆舟の白が剝げている。模式図案を参照。
(下)**VII–5–2** パリ市の紋章（模式図案）

川のひとつで、その中州であるシテ島を中心に拡大したことは、この町が河川交易で栄えたことを示している。つまり河川交易に関わった商人組合のしるしがもともと帆舟のマークであり、彼ら経済力のある商人たちが町の行政を担ったがゆえに、やがてパリ市の紋章として昇格したのである。そして一五世紀に入り、おそらく一四一五年から二六年のあいだに、赤地に白の帆舟の本来の紋に青地に金の百合花のフランス王家の紋が加えられることになった[7]（図VII－5－1・2）。国王直轄の「良き都市（ボンヌ・ヴィル）」として、国王派遣のパリ代官に管理される町となったからである。

　このようにして、パリの紋章を構成する色が白・赤・青・金となったとき、この四色のなかから赤と青の二色が選ばれ、この二色でミ・パルティを構成した役人のユニフォームが誕生した。図VII－6は後年の一五〇〇年頃の国王勅令集に添えられた版画であるが、右上の長衣の四人は助役（エシュヴァン）という高位の役人、中央で金を受け取っているのが収税吏（ルスヴール）、そして左側で帳面を開いているのが書記（グレフ）で、いずれも赤と青を半々にしたユニフォームを付けている。下の列にいる役人たちは、袖に帆舟のマークをつけているから、赤と青の配色がパリ市の紋章に由来することは疑いえないだろう。ミ・パルティの衣服はいずれも向かって右に赤を、左

VII-6《1500年頃のパリ市役人》（*Ordonnances royaulx de la jurisdicion de la prevoste des marchans et eschevinaige de la ville de Paris*, Jacques Nyverd, 1528. パリ、アルスナル図書館）

に青を配している。このようなユニフォームの存在を考えれば、一三七七年にカール四世を迎えたパリ市民のミ・パルティも、町の紋章の色を選択した結果であると推測することが可能である。ただし、フランス王家の紋が加わる以前の赤地に白の帆舟の紋の時代の二色である。

イングランド占領下のパリ

パリ市民が自らの紋章の色を着たと思えるもうひとつの例に、一四三一年のイングランド王ヘンリー六世の入市に際する例がある。このときパリ市民は赤い衣裳と青い帽子で迎えている。この二色の組み合わせはパリ市の紋章の赤と青にちなむのではないか。つぎのように考えられる。

ときはシャルル七世の治世であり、イングランドとフランス間の百年戦争の渦中、もっとも混乱した時期である。このときパリ市はイングランド軍に占領されており、イングランド王はフランス王として戴冠されるためにパリ市に入った。イングランド王がフランスの王権を主張したのは、亡きシャルル六世が生前イングランド軍に大敗した結果、娘カトリーヌをイングランド王に嫁がせ、自身が亡くなった後はイングランド王がフランス王を兼ねることを約束したトロワ条約のゆえであった。

一四二二年にシャルル六世が没すると、約束にしたがってイングランドは王権を主張し、パリを占領した。一方のシャルル七世はフランス王としての戴冠式を挙げることができず、パリを離れてベリー地方のブールジュに宮廷を置いた。ようやく一四二九年にジャンヌ・ダルクに導かれてランス大聖堂で戴冠式を挙げることができたが、しかしシャルル七世はパリには入市できなかった。それがはたせるのは一四三七年のことになる。一四三一年のヘンリー王の入市はこのような混乱のただなかのことだった。

ヘンリー王は一四二一年の生まれで、入市時一〇歳の幼い王である。ヘンリー王を迎えたパリ市民は、今日でいえば市長にあたる商人頭（プレヴォ・デ・マルシャン）をはじめ助役や書記が赤のサテンを、その他のブルジョア市民は赤いスカーレットをまとい、そしていずれも青い帽子を被って出迎えたと、記録は述べている[8]。赤い衣は高位の権力者の晴れ着としてまことに適ったものであるから、そのような意味での選択であったのかもしれないが、青い帽子との組み合わせにはパリの紋章へのこだわりが感じられる。ミ・パルティというデザインを避け、しかしながら町の色の配色を選んだことには、イングランド占領下にあったパリ市の微妙な立場を感じてよいのかもしれない。

三色ではなく二色

王の色をつける場合と町の色をつける場合と、以上に示した色の由来はいずれも多分に推測によるものだが、このような推測を許してくれる、もうひとつの事例を付け加えておかねばならない。それは一四三七年、シャルル七世がようやくパリ入市をはたしたときの、王にしたがった兵士らの服装についてである。イングランド軍からパリを奪回した凱旋式でもあったから、王は軍隊をしたがえ華やかに入市したが、これを伝える記録のなかに、王を護衛したパリ代官の歩兵は赤と緑の帽子を、一方で王を先導したパリ市の兵士は赤と青の陣羽織(コット・ダルム)を着ていたという記述がある。(9) パリ代官は国王から派遣された役人であり、ゆえに彼の配下の兵士は王の色をつけていたはずである。そうであるならパリ市の兵士の方は町の色をつけていたと考えてよいだろう。赤と青がパリの色であることにはもはや説明は不要であるが、赤と緑がシャルル七世王の色であることには説明が要る。

シャルル七世の色が白と赤と緑の三色であったことは記録でも図像でもいくらでも証言がある。シャルル七世を描いた写本挿絵にはしばしば白と赤と緑の三色旗が描かれているし、王が法廷でアランソン公を裁く場面を描いたジャン・フーケによる写本挿絵には、法廷の背景の壁がこの三色で塗り分けられている（図Ⅶ－7＝口絵）。この三色はたしかに王の色なのである。そこには王家の家紋を掲げ飛翔する鹿が描かれているから、この三色はたしかに王の色なのである。後年、百年戦争も末期の一四四九年にイングランド軍からルーアン市を奪回した同王が同市に凱旋したとき、その華やかな行列を記録した多くの文書が、王の色は白・赤・緑であり、弓隊がこの三色で色分けたジャケットを着ていたと証言している。(10) このように、シャルル七世の色が白・赤・緑であることはまちがいのないことだし、その色が配下の兵士のユニフォームの色となることも異論の余地はない（図Ⅶ－8）。しかしここでもまた、なぜ三色のなかから赤と緑の二色が選ばれたのかという問題が生じる。

結局、この疑問にたしかな答えを出すことはできないが、つぎのような挿絵の存在は三色から二色を選んでミ・パルティにすることに中世人がいかにこだわっていたかを示している。答えはここに求めるほかにない。図Ⅶ－9は写本『シャルル七世追悼祭前日の祈禱』のなかに挟まれた、おそらくルーアン入市を描いていると思われる一枚の挿絵である。弩(おおゆみ)や剣を担いだ数人の兵士が、王の周囲を守りながら橋を渡るところである。兵士はそろって王の三色で分割された帽子を被っているが、上着は白と赤、そして脚衣は片足が赤と緑、もう

VII-8《白・赤・緑のユニフォームを着たシャルル7世の兵士》(『エティエンヌ・シュヴァリエの時禱書』1452–1460年、シャンティイ、コンデ美術館)

VII-9『シャルル７世追悼祭前日の祈禱』より（1484-1485年、フランス国立図書館Ms. fr. 5054, f. 22v）

片足は白と赤の二色で塗り分けられている。二色と思える上着や脚衣にも向こう側に別の一色があるとも考えられるが、そうであるなら帽子のように最初から三分割で描くのではないだろうか。つまり、これらはやはり二色によるミ・パルティであり、中世の人びとにはこのデザインが好ましかったのである。一四三七年、パリ代官の兵士が赤と緑をつけたのも、白と赤と緑の王の三色のなかから選ばれた二色なのではないだろうか。

王への恭順と仕着せ

中世の色は饒舌であり、中世の人びとは意味もなく色をつけることはない。何色をつけるかがそれこそ主張として最大限に生かされたのが、入市式のミ・パルティの衣服である。兵士のユニフォームの色が語っているように、要するに紋章の色を表したミ・パルティは帰属を表している。町の紋章がありながら王の色をつけるのは、ゆえに王への帰属を示し、それによって深い恭順の気持ちを表しているということである。

とはいえ、パリの市民が町の紋章の色をつけたとしても、それが赤と青の組み合わせであるなら、すでにここには王家の青が入り込んでいる。首都として機能し、王侯貴族の公式の住まいを抱えたパリは、王の大権に従属する町である。パリは王に直接所属し、王の代理人というべきパリ代官によって治められたがゆえに「良き都市」なのである。河川商人組合の統制機関が町の代表として認められ、ここにある程度の発言権はあったものの、パリ市には真の自治機関はなかったといわれる。

ところで、王に従属するものとして王の色を着るとするなら、これはいわゆる仕着せと考えることもできよう。そうであれば奉公人のミ・パルティと同じ性格をもつことになるし、冒頭に触れた道化のミ・パルティと大差はなくなることになる。実際、初期の記録ではそろいの衣裳は仕着せ（リヴレ）と記されている。ただし王によって支給されるのではなく、町が費用を負担して配る町の仕着せである。

このようにして、道化のユニフォームと市民のユニフォームをいずれも仕着せとしてとらえれば、一見して相反する価値をもったように見える両者に矛盾はない。考えてみれば、道化の黄・赤・緑という配色と、シャルル七世の白・赤・緑という配色はよく似ている。黄色を避け、それを白という明るい色に替えれば、シャルル七世の色になるのである。そして冒頭に述べたようにミ・パルティをスペクタクル性のひとつとして考えるなら、前章に述べた道化服や子ども服のミ・パルティの遊戯性とも重なることになる。市民服のミ・パルティが、帰属の表示とスペクタクルという性格で定義されるなら、道化や奉公人や子どものそれと等しいことになる。このような理解も可能だろう。

第Ⅷ章　色の価値の転換

黒の流行

中世の黒は醜悪で邪悪な色であったと、第Ⅰ章において述べた。たとえば「黒い」というフランス語の形容詞は、文学作品のなかで「汚い」、「醜い」、「危ない」ということばと組み合わされ、それらを強調するかのように使われていた。あるいは絶望、憤怒、嫉妬、不安、悲嘆といった負の感情を表すときに比喩として用いられることも少なからずあった。『色彩の紋章』も、黒を「もっとも低く卑しい」色と述べていた。衣服の色として用いるとするなら、黒い羊毛の自然色が清貧と謙譲を示したから、せいぜい修道士の衣の色となるぐらいであった。

このような黒のイメージが一四世紀末頃から変化をみせる。王侯貴族が黒い衣裳をまとうようになり、黒はあきらかに美しい流行色として認識されるようになるからである。すでに示したシャルル六世を描いた挿絵（図Ⅶ－2、図Ⅶ－3＝口絵）のなかで、同王は黒い服を着ている。『色彩の紋章』が第一部で「低く卑しい色」と説明しながら、第二部では以下の引用のように男の理想的な姿として黒を基調とした身なりを説き、黒は寛大な心と飾らない態度を示すと述べているのは、そのような事情を反映している。飾りのなさは修道服に通じる伝統的な黒のイメージで、驚くことではないが、高潔な心を示すという黒の意味は新しい。『色彩の紋章』第一部はキリスト教の思想にしたがった伝統的でオーソドックスな色の意味を述べているのに対し、第二部は中世末期にめだってくる新しい色のイメージを反映させている。黒の相反する価値は、これまで語ってきたような両義的性格というより、時代の移り変わりとともに現れてきた現象である。

喪の色――黒・黄・タンニン色・すみれ色

では、『色彩の紋章』第二部は、黒を基調とした男の服装についてどのように述べているのか、その紹介からはじめよう。服装の色を語りながら男としての徳目を述べる前半の部分はつぎの通りである。被りものには赤や青がよしとされているものの、下着は白、上着は黒、脚衣は灰色、靴下留めは白か黒、靴は黒で、無彩色でまとめられている。

第一に男は、なによりもまず白く美しい下着（シュミーズ）を着なければならない。白色が清潔で、そこに罪の汚れがないのと同じように、ひとが貞潔、潔白で、清い心の持ち主であることを示すために、この色でからだをすっかり被う。縁なし帽（トク）もしくは頭巾（ボネ）は赤いスカーレットでなければならず、これは賢明を意味する。というのも赤がこの上もなく穏健な色であるように、賢明はほかのいかなる徳目にもまして人生を穏やかにし、かつ抑制する美徳であるから。帽子が学識を示す青緑色（ペール）でなければならないのは、天空はこの色であり、その天空にある神に学識が由来することを示すためである。かくして学識は賢明のそばにあることになる。

上着(プールポワン)は黒で、それは男の身体と心に宿るべき寛大な心を意味する。脚衣(ショース)は灰色で、完璧の域に到達できる希望を意味する。紐(エギュイエット)も同じ色で、勤労を示す。というのも幾ばくかの財を得たいのなら、まず勤労がどうしても必要だから。靴下留め(リヴレ)は仕着せにしたがって白か黒で、これは断固とした意志を意味し、希望を表す脚衣にとりつけられる。靴は通常は黒で、飾らない態度を示す[1]。

引用にある「紐」とは、脚衣を上着に結びつける紐のことである。この時代の脚衣はタイツのような形状をしているが、毛織物を脚のかたちに合わせて裁断、縫い合わせたものだから、装着のためには脚衣の上端につけた複数の紐を上着の裏側のウエスト部に結びつける必要があった。この紐は装着のための道具とはいえ、何色の紐を選ぶかは若者のファッションの関心事であったらしい。一四三〇年頃に書かれた『結婚十五の歓び』が、若者の楽しみのひとつとして紐の色選びに触れているからである。作品は、結婚すると性悪な妻のために男はいかに悲惨な思いをするかを「歓び」と皮肉って、それを一五に分けて列挙しているのだが、紐の色選びは結婚前の青春の幸せな生活のひとこまとして言及されている[2]。作品のテーマである結婚に対するペシミスムは、第Ⅲ章に触れた女性蔑視の思想を背景として生まれたものである。

『色彩の紋章』では紐の色は脚衣に合わせて灰色が勧められ、引用の記述は現代の服装かとみまがうほどモノクロでまとめられているが、この後にカラフルな色の服飾品がつぎのように言及されている。

> 手袋は黄色で、自由と快楽を示す。帯はすみれ色でなければならず、愛と礼節を意味し、ひとの身体はこれで巻かれねばならない。外套（セー）は、くすんだタンニン色で、それは、われわれが常にまとっている苦しみと悲しみを意味している。長衣（ローブ）は、品行のよさを表す淡紅色がよい。最後に、財布は緑。というのも緑色がひとの視線を引きつけるように、同じように財布は多くの商売を助ける金貨や銀貨を引きつけるべきだから。

財布の緑色は、すでに述べたカード遊びのテーブルや帳場の机の緑との関連を思わせる。淡紅色の長衣とは晴れ着であろうか。

ここで注目しなければならないのは、黄色の手袋、タンニン色の外套、すみれ色の帯である。というのは、黄色やタンニン色は黒と同じように忌み嫌われた色であったのが、同じように中世末期に衣服の色として登場してくるからである。しかも黒と同様、黄色もタンニン色も悲しみの色であるという共通点がある。そしてすみれ色も喪の色である。少なくとも一五世紀末のシャルル八世（在位一四八三―一四九八年）の時代まで、妃を亡くした王はすみれ色の喪服をつける習慣があった[3]。ヨーロッパの世界で喪の色は必ずしも黒ではなく、すみれ色も、さらに白もそうである。夫を亡くした妃には白い喪服を着る習慣があり、ゆえに寡婦になった王太后を「白い王妃（レーヌ・ブランシュ）」と呼ぶ表現がある。

このようにみてくると、上の引用で勧められている黒、白、灰色、黄、タンニン色、すみれ色のほとんどの色が悲しみ、あるいは喪の色なのである。もちろん各々の色が多様な意味をもち、『色彩の紋章』の作者はさまざまな意味を並べ挙げてはいるけれど、とはいえ、悲しみと喪の色という点で共通する色ばかりが選ばれていることは注目に値する。それはなぜだろうか。

帳簿に残された流行色

黒（noir）、灰色（gris）、タンニン色（tanné）、すみれ色（violet）、『色彩の紋章』が男の服の色として挙げる、これらの色はいずれも実際に中世末期の流行色であった。つまり価値の低かった黒や灰色、タンニン色をふくむ黄色が価値を上昇させ、また、それまで認識薄かった青と赤の中間色の紫色への関心が高まった。このように色の価値が大きく転換した時代が中世末期なのである。

黒も灰色もタンニン色もすみれ色も一五世紀の服装によく使われたことは、パリで仕立屋を営んだ商人コラン・グルダンの帳簿をみればよくわかる(4)。帳簿は一四二三―一四七四年にわたる仕立て代金受け取りの記録で、客の名前と身分や職業、仕立てた衣服の名とその色や生地が記されている。あらゆる種類の衣服を仕立て、客層も貴族階級にあるものから、パリの富裕市民、そしてパリ大学の教師や学生にいたるまで幅広く、その様子からは規模の大きな商店であったことがうかがえる。しかも富裕市民の購入記録には、自身と家族のほか使用人の衣類調達までふくまれ、男女や社会階層を問わぬ当時の衣服の色の傾向をこの帳簿に読み取ることが可能である。

すべての記載に色が説明されているわけではないし、不明瞭な書きかたもあるが、それらをのぞいて衣服の名称とその色が明確に記載されているものはおよそ三一五件ある。そのうち黒は、男物も女物もふくめて一二五件、灰色は八八件で、この二色でほぼ三分の二が占められている。黒も灰色もほとんどが男物のウープランドであり、黒は帽子（シャプロン）に非常に多い。ウープランドはワンピース型の長衣で、決して貧困層の衣生活には現れることのない上層階級の人びとの衣服であることがわかっているから、黒や灰色が上等な服に使われているということである。

黒と灰色についで記載が多いのは伝統的な青（ペール）で四一件、赤が二五件、そしてすみれ色が二〇件、白が一一件、緑が四件、タンニン色が一件である。青や赤がこのように混じるのは中世の伝統からすれば当然であろう。しかしすみれ色が赤に迫る数でウープランド、もしくは帽子（シャプロン）に集中していることは新しい傾向である。タンニン色は一件であるが、これはパリで有数のブルジョアであったジャン・サンガンが妻に買い与えたウープランドであることを考えれば、この色の価値の上昇が感じられるだろう。かつての王室の記録ではタンニン色は牛飼いや洗濯女に与えられた色だったのだから。

黄褐色を示すタンニン色が一五世紀に価値を高めたことは、シャルル八世（在位一四八三―一四九八年）が「王の色」として選んだのが、赤色とともにタンニン色だったことからもわかる。[5]『色彩の紋章』が、タンニン色をもっとも不快な色として美しい赤の対極に置きながら、一方で、上記の引用のように理想的な男の服装の外套の色として挙げていることは、この色がすでに忌まわしいだけの色ではなくなっていることを示している。黄褐色はひとを落胆させ、疑念と欺瞞を意味すると述べながら、ただし黄褐色の布は美しい、と『色彩の紋章』第二部は述べていた。黄色の範疇にある色への伝統的な嫌悪感と、黄色への新しい価値観のせめぎ合いが感じられる。

コラン・グルダンの帳簿から、すみれ色もまた新しい色の好みであるとみてよい。すみれ色という色名は「すみれ色のスカーレット」という記載のように、スカーレットの色調のひとつとして記されるのが一四世紀の記録の常であった。コラン・グルダンの記録にもそのような記載が一件あるけれど、そのほかのすみれという色名単独の記載は、ケルメス染めによらない紫色の布地の登場を思わせ、この色へのこだわりが感じられる。

すみれ色へのこだわりはドゥヴィーズの世界にも現れている。赤と青の中間色であるすみれ色は、紋章の六色にふくまれていなかったが、一五世紀にドゥヴィーズの普及とともにすみれ色の盾が武芸試合の場に頻出するようになる。特に興味深いのは、一四四九年にブルゴーニュ公領で開催された「涙の泉の武芸試合」である。ここには白と黒の盾とともにすみれ色の盾が挑戦の道具として登場する。一角獣が三つの色の盾を首にさげ、挑戦者は斧で戦う

場合は白い盾に、槍で戦う場合は黒い盾に、そして剣で戦う場合はすみれ色の盾に触れて意思を表す。そして三色の盾にはいずれにも青い涙滴紋がちらされている。三つの盾を下げた一角獣のかたわらには聖母像が置かれ、さらに美しいひとりの女性が「白い涙をちらした」衣裳をまとい、踵まで達する髪を覆うヴェールの端を右手にもって「青い大粒の涙」をぬぐ

VIII-1《涙の泉の武芸試合》(『騎士ジャック・ド・ラランの事績』15世紀、フランス国立図書館Ms. fr. 16830, f. 124r)

っている（図Ⅷ－1）。いずれも絵か人形か作り物と思われるが、涙を流している女性は窮地にあって、騎士の救出を待っているという物語がこの武芸試合には組み込まれている。(6) 中世の武芸試合は武芸を競い合うだけの単純なスポーツの競技会ではない。アーサー王物語に取材されたテーマなど、何らかのストーリーが設定されているのである。「涙の泉」を冠したこの武芸試合に、白と黒とすみれ色という三色が選択されていたのは、そこに涙がちらされていたことからも、三色が悲しみの色であったことの証しであろう。

牧歌的なものへの憧れ

『色彩の紋章』は、脚衣と紐を灰色にすべしと述べていたが、灰色もまた黒と同じような歴史をもち、一五世紀ににわかに脚光を浴びた色である。フランチェスコ修道会の僧服の色であり、灰色を呈した自然の羊毛色の布、カムランが羊飼いの男女の装備であったほかは、それまでこの色の服が人びとの衣生活に現れることはなかった。(7) 先の引用が脚衣の灰色を「完璧の域に到達できる希望」を示すと解釈していたように、一般にこの色は希望の色とされていたが、(8) 色調によっては絶望の色にもなることを『色彩の紋章』第二部は述べている。つぎのように暗い灰色が希望を表し、明るい灰色が絶望を示すというのだからわかりにくい。

灰色は白と黒の中間の色であるが、たくさんの種類があり、あるものはより白く、あるものはより暗い。暗いものは希望、忍耐、救済、簡素、よき習慣を意味する。より白い

ものは無情、貧困、敵意、絶望を意味する。(9)

灰色の流行についてはドゥヴィーズの世界にも証言がある。序章に触れた『騎馬試合の書』を著したアンジュー公ルネは、黒と灰色と白の三色を自らのドゥヴィーズとし、一四三七年のシャルル七世のパリ入市に際し、この三色を着た従者をしたがえて行列に加わったことが伝えられている。一四四九年に彼は南フランスのタラスコンで「羊飼い女の武芸試合」を開催しているが、参加した二〇人の騎士のうち一二人までが、黒か灰色か白、あるいはこの三色をドゥヴィーズの色としたと伝えられている。(10)試合は羊飼いの娘とのたわいない恋を歌った抒情詩、パストゥーレルに取材されたというから、灰色への好みは牧歌的なものへの憧れが源泉のひとつとしてあったのだろう。

アンジュー公ルネは、黒や黄褐色の悪しき比喩表現を満載した『愛に囚われし心の書』の作者である。物語のなかで黒の悪い意味を並べたてている彼が、同じ黒を自らの色として選んでいるということは、文学上のレトリックと、現実の生活における色の感性とのあいだにずれが生じてきたということなのだろうか。『色彩の紋章』第一部と第二部のあいだにある齟齬が、ルネの文学と生活世界のあいだにもある。

悲しみの発見

黒と黄褐色が美しい色として流行したのは、単に色のもつ意味が悪い意味から良い意味へと転換したからではない。そうではなくて、両者がともにもっている悲しみの色というイメージが逆に価値をもたれるようになったためで、つまり悲しみの感情に対する価値がマイナスからプラスへと転じたからである。すでに何度か述べたように、私たちにとって、悲しみは正負の価値では計り難い感情であるけれど、中世では悲しみは怒りと対にされて糾弾され、道徳書は怒りにかられぬために悲しみを避けるよう説いていた[11]。あるいは恋愛の指南書は、悲しみを恋人たるにふさわしからぬ悪徳として数え挙げていた。悲しむひとは胸を打ち、髪をかきむしる。その姿に美しさを感じとっている様子は、少なくとも一二、一三世紀の物語文学にはない。

VIII-2《フィリップ・ポの墓》(1475-1500年、パリ、ルーヴル美術館)

ところが、一五世紀になると、悲しみに打ち沈み、身をよじって悲しみに耐える姿にある種の美を感じとるようになったふしがある。たとえば、一五世紀の泣き人の彫像群を見たらよい。人びとはもはや胸を打ったり、髪をかきむしったりはしない。深い頭巾に顔を埋めて、頭

VIII-3《ブルゴーニュ公フィリップ・ル・アルディ（1404年没）の墓の泣き人》（ディジョン美術館。*Les tombeaux des ducs de Bourgogne: création, destruction, restauration*, Somogy, Musée des beaux-arts de Dijon, Paris / Dijon, 2009）

を垂れて行列をつくり、あるいは両手を握りしめ、頭巾の陰でそっと涙をぬぐう（図Ⅷ-2、図Ⅷ-3）。ブルゴーニュ公領の墓に残されているこのような泣き人たちは、愛するひとの死を前にした悲壮感をいかにも美しく盛り上げているではないか。ここで悲壮感をいっそうドラマチックにしているのは、身体の仕草もさることながら、丈量豊かな喪服である。身体を包み込んで隠し、それでもなお伝わってくる悲しみの感情は、表現として極まっている。このように、美しい喪服の誕生は、死を前にして人びとが抱く感情に特別の思いをもたなければありえないだろう。中世末期は悲しみの感情に特に敏感な時代なのである。おそらく黒が喪の色として定着したのもこの時期である。先述のように、白にもすみれ色にも喪の色としての資格はあったが、抜きん出て喪のシンボルとなったのが黒である。中世は悲しみの色としての黒を発見した時代である。

涙模様の流行

一五世紀がメランコリックな心情に共感した時代であったことを示すもうひとつの証しが、すでに若干触れた涙滴紋の流行である。[12] しずくのかたちをした涙滴紋は一三世紀のアーサー王物語に起源をもつ。たとえば「歓び知らず」の異名をもつ騎士ブランはこれを紋章としている。本来は物語のなかの紋章であったが、中世末期の貴族が文学のなかのアーサー王の騎士たちを自らの手本とし、その物語に取材して武芸試合をおこなったことによって、涙滴紋はドゥヴィーズとして多用されることになった。その結果、涙模様は衣服や宝飾品から家財道具まで、中世末期の人びとの生活の場をさまざまに彩ることになったのである。「涙の泉の」と冠した武芸試合を、ブルゴーニュ公フィリップ・ル・ボン（一三九六―一四六七年）が催したのは、彼が愛書家で騎士道文学に通じ、涙模様に親しんでいたからである。

そのフィリップが黒いビロードに涙模様をちりばめた、いかにも美しい装いをしたある日のことが、ブルゴーニュ家の事績を記した年代記作家ジョルジュ・シャトランによって伝えられている。彼は肖像画や写本挿絵のなかでいつも黒装束で描かれているように（図Ⅷ－4）、黒の流行を牽引したひととして知られている。シャトランによれば、彼が黒い服を着るようになったきっかけはやはり喪服であった。一四一九年、フランス王家との確執のなかで父公、ジャン・サン・プールが暗殺されたとき、惨殺に衝撃を受けたフィリップは、その

VIII-4《フィリップ・ル・ボン》(ロヒール・ファン・デル・ウェイデン(1399 / 1400–1464年)の作品の模写、1445年頃、ディジョン美術館)

悲しみを一生忘れまいと以後も黒い服を着つづけたというのである。

さて、涙模様のついた彼の黒装束とは、晩年の一四六三年一二月、姪にあたるブルボン家のカトリーヌがヘルダーラント公に嫁ぐ婚礼の際に身につけられた服装のことである。金襴の衣裳の花嫁のかたわらで、彼は花嫁の介添え役であったにもかかわらず、いつものように黒ずくめであった。

新婦はたいそう豪華な金襴をまとい、一方の公は黒いビロードをまとっていた。この日中、公は黒いビロードの帽子を被り、それには一面に涙と、この世でもっとも美しい大粒の真珠とがちらしてあった。それは美しいから作らせたというだけではなく、彼の気持ちに似つかわしいようでもあった。彼には悩みがあった。この上ない喜びであるはずの一人息子が彼を悩ませ、メランコリーの涙を流させるのだと、彼は言っているようであった。⑬

公は、たったひとりの嫡子である後のシャルル・ル・テメレールとの不和に悩んでいた。この日の婚礼にもシャルル夫妻は欠席している。シャトランは公の装いに主君のそんな心中を察し、心痛めている。フィリップがはたして悩みを訴える意図をもって涙模様をつけたのかどうかはわからない。おそらく喪服からファッションと化した黒服と同じように、涙模様も単に流行にすぎなかったのだろうが、とはいえ、黒という色にも涙模様にも憂愁感が漂っていることにまちがいはない。ここでは洋梨型の真珠も涙を演出しているが、涙の模様は、花に水をやる道具であるジョウロの水滴として、あるいは天空に広がる雲から落ちる雨粒として表され、涙模様の世界は拡大されていった。

すでに一四〇七年、オルレアン公の宮廷ではオルレアン公ルイの死を悼んで、妻のヴァランティーヌ・ヴィスコンティが水滴をちらすジョウロをドゥヴィーズとしていた。オルレアン公ルイはシャルル六世王の弟にあたり、ブルゴーニュ家との確執のなかでブルゴーニュ公の放った刺客によって殺された。つまりフィリップ・ル・ボンに黒服を着せるきっかけとなった一四一九年の父、ジャン・サン・プール暗殺はその報復であった。

涙模様はジョウロや雨粒へと文様を拡大させていったが、さらにかなわぬ恋を嘆く「愛の悲しみ」をテーマとする抒情詩の流行とともに、辛い恋心のシンボルとして展開し、悲しみの模様はさらに増殖していく。恋するひとは心安まることなく、食欲を奪われ、眠ることもかなわず、茫々と涙をながして長い夜をあかす。辛い心の内を語る歌が一四世紀末から大流行し、涙模様はアーサー王物語ばかりか抒情詩のジャンルにおいても文学的シンボルとして機能することになった。

そのような文学趣味のなかで、悲しい恋の花として登場するのが三色スミレとオダマキである。三色スミレを示すフランス語の「パンセ（pensée）」は「想う」という意味をもち、一方の「オダマキ（ancolie）」は「メランコリー（mélancolie）」の音に近いために、いずれもことば遊びによって悲しい恋のシンボルとなったのである。愛するひとの死がもたらす悲しみ、かなわぬ恋がもたらす苦悶、そんな悲嘆の気持ちが豊かな表象の世界をかたち作っていく様子には、メランコリックな時代の心性を感じないわけにはいかない。

黒服の女とタンニン色の服の女、どちらが不幸か

中世末期の悲しみの感情へのこだわりようは尋常ではない。『黒色という名の女とタンニン色という名の女の論争』と題し、どちらがより不幸かを競争する作品さえある。[14] 黒色の服を着た女性とタンニン色の服を着た女性が、それぞれの不幸な恋を語る。黒色の女性は毎

日、恋するひとを「眼で見る」ことができるのだが、「望むことはなにひとつ彼から得ることはできない」。一方のタンニン色の女性は、相思相愛だが愛するひとが不在で、会うことも、声を聞くこともかなわない、それに便りもない。はたしてどちらがより不幸なのかという論争である。

作品中の二人の女性は、それぞれの主張の支持者として詩人シャルル・ドルレアンに近い二人の女性を引き合いに出しており、ゆえに作者はシャルル・ドルレアンともいわれるが、確証はない。すなわちタンニン色の女性にくみするのは妻のマリー・ド・クレーヴであり、黒色の女性にくみするのは弟ジャンの妻マルグリット・ド・ロアンである。

シャルル・ドルレアン（一三九四―一四六五年）は先述のオルレアン公ルイとヴァランティーヌ・ヴィスコンティのあいだに生まれた貴公子である。一五世紀を代表する抒情詩人として誉れ高い。母、ヴァランティーヌはすでに述べたように、夫の死に接して水滴を放つジョウロをドゥヴィーズとしたひとであり、イタリアのヴィスコンティ家からオルレアン家に嫁し、宮廷のさまざまな陰謀に翻弄されたあげく、夫の死後、一四〇八年に追うように亡くなった。残されたシャルル・ドルレアンは父公暗殺の訴訟の成り行きに弄ばれ、一四一四年ようやく裁判が決着して心の平安を取り戻したのも束の間、翌年アザンクールの戦いに負けたフランスの担保としてイングランドに連れて行かれた。そして二五年におよぶロンドンでの幽閉生活の後、フランスに戻った一四四〇年に三度目の結婚で、マリー・ド・クレーヴを妻とした。このときマリーは一四歳、シャルルは四五歳であった。

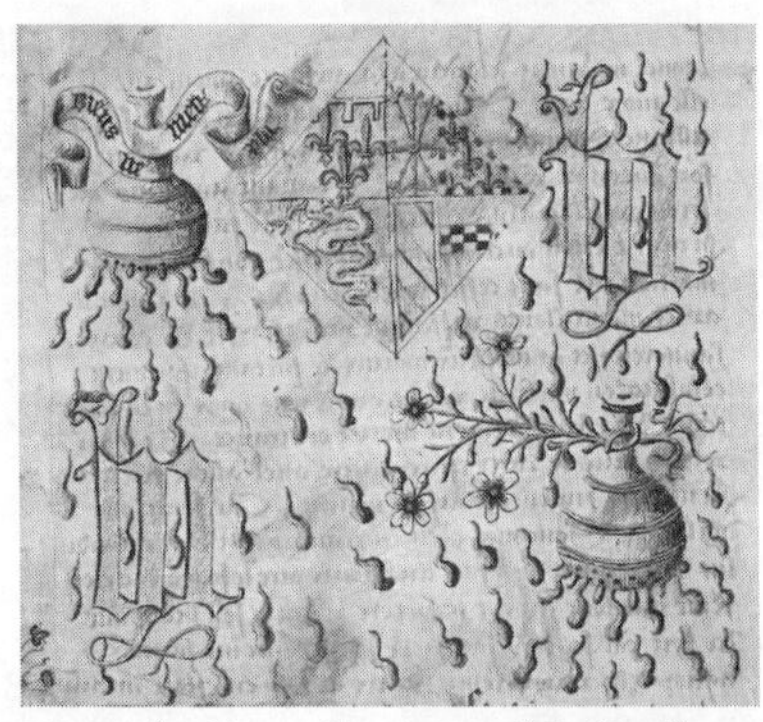

VIII-5《マリー・ド・クレーヴのドゥヴィーズ》（ボッカッチョ『フィローストラト』1455–1456年、フランス国立図書館Ms. fr. 25528, f. 1r）

クレーヴ家の出身であるマリーは、叔父にあたるブルゴーニュ公フィリップの宮廷で育てられている。つまりブルゴーニュ家とオルレアン家の確執からすれば、二人の結婚は政略結婚以外のなにものでもないが、文学を通した二人の結婚は幸せだったようにみえる。マリーはブルゴーニュ家の華麗な文化を身につけ、公の文学趣味をおそらく学んだのであろう。ヴァランティーヌのジョウロの紋章を踏襲したばかりか、さらに三色スミレを加えて自らのドゥヴィーズとし（図Ⅷ－5）、そこに時代の文学への愛好がみられる。悲しい恋の表象である涙と三色スミレ、あるいはオダマキの模様は、宝飾品から生活の調度品まで彼女の生活を飾ったことを記録が伝えている。一方、夫のシャルル・ドルレアンは、異国での幽閉生活という青春時代の経験から物憂いメランコリーの情感の漂った詩をつくる。そのメランコリックな心情をシンボリックに表す色がタンニン色であった。

一四世紀には、たとえばシャルル五世の宮廷で活躍した詩人ウスターシュ・デシャンの歌が示していたように、失恋の気持ちは黒で表されるのが常套であった。第Ⅳ章で述べたように、五月祭には緑の服を着て、恋人と芽吹いた森の緑を摘みに行く習慣だったが、恋人のいないひと、失恋をしたひとは「心は緑の代わりに黒をまとう」と心情を吐露していた。しかし、一五世紀のシャルル・ドルレアンの世界では、このような心情を語る色はもっぱら黄褐色である。〈不安〉〈悲しみ〉〈沈痛（アンニュイ）〉〈メランコリー〉など擬人化された心情表現は彼の詩のそこかしこに登場し、シャルル・ドルレアンの憂鬱な心はいつもタンニン色で、「心はタンニン色と褪せた緑色をまとう」[15]。

黒服の女とタンニン色の服の女が、どちらがより不幸かを論争するという作品は、このような雰囲気のオルレアン家の宮廷で生まれたのである。とはいえ、悲しい黒とタンニン色への好尚は、彼らの個人的な趣味でかたづけられるものではない。オルレアン家はブルゴーニュ家ともアンジュー家とも文学交流のあったことが知られ、それを証すように涙模様がいたるところで流行しているからである。しかも黒と黄色を悲しみの色とする感情は、一五世紀フランスの宮廷社会にとどまるものではなかった。一六世紀のイギリスに同じような例があるからである。ジェイン・アシェルフォードによれば、夫を亡くした女性が「黒いガウン(black nightgown)」と「黄色の上着 (yellow waistcoat)」を着たと記す日記があるという[16]、涙や雨粒の模様の刺繍された当時の服飾遺品も残されている。

黒の流行の汎ヨーロッパ性

ブルゴーニュ公の年代記作家シャトランがあまりにくりかえし語り過ぎたために、フィリップが黒い服の流行をリードしたとする言説が広まってしまったが、フランスではすでに一三八〇―一三九〇年代に黒の流行がはじまったと推測されている。[17] それはシャルル六世（一三六八―一四二二年）の治世下で、この章の冒頭でも触れたように同王が黒服で描かれている写本挿絵はたしかに多い（図Ⅶ－2、図Ⅶ－3＝口絵）。黒服の流行がどのようにしてはじまったのか、未だ詳細はあきらかにされていないが、一四世紀半ば頃にイタリアで盛んに出された贅沢禁止令が契機となったことが考えられている。

贅沢禁止令は身分秩序の維持という政治的理由、派手な装いを戒める倫理的理由、あるいは莫大な出費を抑制する経済的理由など、その比重は時代と地域によってさまざまだが、どの国でも中世の早くからくりかえされてきた。禁令によって黒い服が強制され、もちろんそれに皆がしたがったわけではないけれど、黒を着る機会が増えることにより、美しい黒に染める染色技術が開発され、それが黒服の流行につながったというのである。布を漆黒に染めることはやさしいことではない。黒く染めるにはクワの実やクルミの樹皮などが役に立ったが、もちろん美しい黒に染めることは不可能である。漆黒に染めるには藍とアカネを何度も重ねて染色しなければならないが、藍が勝てば青っぽくなり、アカネが勝てば茶色になり、深い黒色をだすことは難しかった。

しかし美しい黒が実現されたとき、黒の好尚は汎ヨーロッパの規模で広がった。上述の涙の泉の武芸試合のほか、盛大な武芸試合を何度も開いていたブルゴーニュ家の宮廷には、ポルトガルやカスティーリャからスコットランドにいたるヨーロッパ各国から騎士たちが参集し、彼らがそろって黒装束であったことが伝えられている。[18] つまり黒服の流行は市民から貴族にいたる、ヨーロッパの広い範囲で共有されたきわめて大規模な色の好尚である。『色彩の紋章』の作者シシルは、ブルゴーニュ公領のエノーの役人であり、アラゴン国のアルフォンソ五世に仕えたひとである。中世の人びとはヨーロッパの広い地域を活動の場とし、各宮廷の武芸試合を渡り歩き、もとより宮廷間には婚姻による姻戚関係もあって、きわめて汎ヨーロッパ的なネットワークが形成されていた。黒の流行はそのようなヨーロッパ中世末期の文化を象徴する現象であり、一過性の流行には留まらない、息の長い好尚として後の時代へと受け継がれていくのである。結局、今日にいたる紳士服の黒服は、さかのぼればここに誕生しているといってよいことは、序章に触れた通りである。

　フィリップ・ル・ボンを黒の流行の指導者とする神話が誕生したのは、ブルゴーニュ家の宮廷が支配下に置いたフランドル地方の毛織物産業による経済力に支えられ、フランス王家を凌ぐ文化を享受していたからである。武芸試合という祝祭の度重なる開催もそれゆえであり、洗練された文化はヨーロッパの宮廷の規範とさえなった。その意味でブルゴーニュ公の宮廷が黒の普及に貢献したことはまちがいない。

　フィリップ・ル・ボンは一四六七年に亡くなり、一人息子のシャルル・ル・テメレールは一四七七年に惨殺される。残されたシャルルの一人娘のマリーは同年ハプスブルク家の神聖ローマ帝国皇帝マクシミリアン一世（一四五九―一五一九年）に嫁ぎ、黒の好尚はマリーの結婚を通してやがて一六世紀に全盛期を迎えるスペイン宮廷に受け継がれていくとみるのが定説である。すなわちマクシミリアンとマリーの息子フィリップ・ル・ボーは、スペイン王位の継承者カスティーリャ王国のジャンヌと結婚し、やがてスペイン王となる。彼らの子、神聖ローマ皇帝となったカール五世（在位一五一九―一五五六年）の統治下にスペインは隆盛をきわめ、当然ながらその作法が各国へ影響し、黒の好尚もその一部であった。

情緒的なメランコリーの発現

忌まわしい色から美しい色へ変貌をとげた黒。とはいえ忌まわしい黒がすっかり消えたというわけではない。黒に対する正負の感情の関わりを解きあかしてくれるのは、じつはこれまで特に注意をはらわずに使ってきた「メランコリー」ということばである。

フィリップ・ル・ボンの帽子の涙模様を見た作家シャトランは、公の苦悩を察してメランコリーの涙を流しているようにみえたと表現していた。ここで作家がメランコリーという語を使ったのは、このことばが当時の流行語だったからである。このことばは、その形容詞形や動詞形をふくめこの時期に格段に使用が増え、いずれのかたちでも悲しみとか苦悩とかの語とほぼ同義であることがわかっている⒆。公の年代記作家は、悲しみの涙でも苦悩の涙でもよかったところに、あえてメランコリーの涙という表現を選んだのではないだろうか。というのも、メランコリーという語の、日本語としても感じられる憂愁感あるいは物憂い気分といった感傷的な語感が現れるのはこの時期で、作家もこのようなニュアンスでメランコリーという語を使っているようにもみえるからである。黒の流行は、メランコリーの新たな語感の発現にも呼応している。

黒の否定的な喩えが満載の『愛に囚われし心の書』に、〈メランコリー〉を擬人化した人物が登場していたことは第Ⅰ章で触れた。〈メランコリー〉は「痩せて、皺だらけの老婆」であり、〈悲しみ〉という女性の近しい親族であると説明されているから、この人物が悲しみに近い感情を示していることにまちがいはないが、とはいえ悲しみとは区別されているから、意味は微妙に違うのだろう。そしてこの人物が老いた女性として擬人化されているのはなぜだろうか。一方、憂鬱な心情をうたったシャルル・ドルレアンの詩歌にやはり擬人化された〈メランコリー〉が、はしばしに出てくることは先に触れた通りだが、まさにその憂鬱な心情こそが彼の詩歌のメランコリーが意味するところである[20]。日々の生活に重くのしかかり、どうしても癒すことのできない憂鬱な気分を、詩人は〈メランコリー〉という人物に託している。それは〈不安〉によって引き起こされ、悲しみと怒りへと誘う災厄であると説明され、さらに〈メランコリー〉に囚われている自らへのいらだちを吐露しながらも、その憂鬱な気分を自らの伴侶のように客観的にみる姿勢をも彼はみせている。中世の人びとが悲しみを倫理としてではなく感情としてとらえることができるようになったとき、それは感傷的なメランコリックな気分を知ったときでもある。

老女の病いから知のシンボルへ

メランコリーが黒と結びつくのは、メランコリーという語にそもそも黒いという意味がふくまれているから、話は簡単である。メランコリーという語は、紀元前五世紀から紀元前四世紀のギリシアに生きたヒポクラテスの医学にさかのぼる。彼は、ひとのからだには血液、黄胆汁、粘液、黒胆汁の四体液が存在し、これらの体液のバランスによって健康が保たれるという体液病理説を説いた。四体液のうち黒胆汁を示すのが、黒（melas）と胆汁（kholē）ということばの合成語メランコリアである。この黒胆汁が過多になると、ひとは粗暴になり、精神が錯乱する。また摂食障害、意気消沈、不眠、いらいら、不安感、恐怖感、悲壮感、憂鬱といった症状が現れるという。要するにメランコリーはもともと鬱という精神的な病いを指す。そして黒胆汁は老いとともに増加し、男性より女性のほうが症状が重いとされているから、これは老女の病いである。『愛に囚われし心の書』の〈メランコリー〉が老婆として登場するのは、このような事情による。メランコリーが老いと強く結びついていることは、シャルル・ドルレアンの詩歌でも同様である。老いは怒りの母であり、乳母であると彼は言う。怒りは、第Ⅰ章で述べたように悲しみと対になる概念をもち、『愛に囚われし心の書』では〈怒り〉と〈悲しみ〉はカップルであった。青春のただなかで異国に幽閉され、二五年を経て帰国をはたしたとき四五歳になっていた詩人にとって、実際に老いへの嘆きは大きかっただろう。

四体液論はその後、紀元二世紀の同じギリシアの医学者ガレノスにより多血質、胆汁質、粘液質、憂鬱質という四気質論として展開され、くだってルネサンス期に憂鬱質が知性や創作力の源泉としてポジティブに理解されるにいたるのは周知の通りである。すでにアリストテレスがメランコリーを天才のしるしとして肯定的にとらえた例があるものの、憂鬱質を想像力や直感力と結びつけたのは、シャルル・ドルレアンと同じ頃のイタリアに生きた哲学者マルシリオ・フィチーノ（一四三三―一四九九年）であった。一五世紀に黒が汎ヨーロッパの規模で息の長い流行となったのは、ルネサンスにおける古代思想の読み直しが始まるなかでメランコリックな黒が知の色として読まれる準備があったためなのだろうか。[21] 神にのみ認められていた創造のちからを芸術家にも認めるようになったとき、黒は神にならぶ天才の着る衣の色となり、芸術家や、知性を美徳とした上流人士にふさわしい衣裳となって後世を生きながらえていくように思われる。バルダッサーレ・カスティリオーネが社交術を説いた一五二八年の『宮廷人』は、男の服装はなんといっても漆黒が望ましいと述べている。[22] この著作は宮廷人としての作法や美徳を説き、以後のヨーロッパで教養人の規範として広く読まれたものである。一五世紀の黒は、メランコリックな感情の表出からさらに知性のシンボルへと変化しつつあった。

黒い罪

なぜ悲しみが黒で示されるのかは、メランコリーという語を介在させれば容易にわかることであった。「黒い悲しみ」という表現はヨーロッパの言語に後々まで残る。では、黒は悲しみの色であるとしてもなぜ喪の色なのだろうか。メランコリーの観念をみるかぎり、黒は喪あるいは死とは結びついていない。ついでながら、わたしたちは服喪の色が黒であることを当たり前のように思っているが、これはヨーロッパ文明に影響されたからで、日本では黒よりむしろ白が喪の色としての歴史を刻んできた[23]。日本人の喪服が黒に定まったのは喪服が洋装化された明治時代、庶民のあいだで定着するのは戦後である。

もっとも厳しい戒律をもったベネディクト修道会が黒い修道服を採用したことは第I章で触れたが、これは、修道会の創設者、聖ベネディクトゥスが、黒に罪深い人間の魂の闇を重ねたからである。彼らの黒いユニフォームが広く知られるうちに一四世紀に黒い喪服の定着につながったと考えられている。そして服喪の黒には、罪深い人間は、その罪を浄化するために煉獄で苦痛を味わわねばならないという煉獄思想が強く作用していた。天国に迎えられるために煉獄を経なければならない死者を思い、煉獄の霊魂の苦痛をやわらげるために祈らねばならない。死者を悼む喪服には罪の色の黒がふさわしいのである[24]。

黒は罪の色である。それは古く聖アウグスティヌスをはじめとする教父たちによって語られ、「黒い罪」の概念は後々まで受け継がれていく。ただし旧約聖書の世界では罪は赤い。暴力による流血のイメージがあるからで、また飲酒や姦淫の罪も赤と結びつけて戒められるのが旧約聖書の世界である。その赤い罪が黒い罪へ新約聖書のなかで変わったとき、罪は死と同一視されるようになった。すなわちアダムとイヴの原罪によってはじめてこの世に死がもたらされたとされ、ゆえに罪の色である黒は死の色になった[25]。しかもアダムとイヴが禁断の木の実を食べ、神の掟に背いたときに体内に黒胆汁が生じたのだと、つまりひとの罪の原因を黒胆汁に求める、一二世紀ドイツのベネディクト会修道女ヒルデガルトのような理解もあった。原罪とメランコリーの関係性は、くだって一六世紀の宗教改革者にも共有されている。ルターは、悲しみや病いやメランコリーは悪魔に由来すると述べ、自らの心の苦しみは、自身が憂鬱質の人間であるからだと述べているという。フィチーノのメランコリー観にしたがって、デューラーがかの《メランコリア》（一五一四年）を描いたまさにそのとき、片やプロテスタントはメランコリーを悪魔の誘惑として断じたのだ。罪深い人間に黒をよしとした彼らの倫理は、しかし黒服を正当化し、今日にいたるその歴史を一方でたしかに支えた。

メランコリーを罪の源泉としてとらえれば、黒は忌まわしい色になるが、一方でメランコリーを人間らしい情感としてとらえれば、黒は美的な訴えをもってくる。芸術家の気質としてとらえれば知の色となる。黒の価値を決める要にはいつもメランコリーの観念があり、それをどうとらえるかで黒のイメージは決まる。さまざまなイメージの絡みあいが黒の歴史を紡いでいく。

終章　中世人の心性

心性の転換期としての中世末期

五世紀から一五世紀までの一〇世紀におよぶ中世という時代のなかで、本書は一二世紀以降の中世を対象とした。四〇〇年にわたる長さである。この長い時期をひとくくりにしてヨーロッパ中世人の色彩感情を語ることは可能なのだろうか。当然ながらこれだけの長い時間の流れのなかにはいくらでも変化があっただろうし、ヨーロッパ社会を縦横につなぐネットワークが形成されていたとしても、地域間には少なからぬ差があっただろう。

想像される多様性のなかで、ここで述べてきた色のイメージは時間的にも空間的にも、きわめて限られた世界のことである。しかも衣服の色を中心とし、せいぜいそこに表された紋章の色と、あるいは文学や美術におけるそれらの表象についての若干の考察に限られた。中世の色はむろんほかにもあり、調査の可能性は広い。生活のなかには、住まいの壁面を覆ったタピスリーがあり、寝台の天蓋やカーテン、あるいはクッションなどインテリアの色がある。室内装飾ばかりか、祝祭に人びとが窓辺からタピスリーや美しい布を掛けて祝ったことは文学に証言がある。祝祭空間の色は紋章や衣服の色ばかりではない。そしてこうした色彩もふくめて、作品のなかで色がどのような意味をもたされているかの詮索は、物語文学でも写本挿絵でも、それぞれの作家と作品のなかでさらに検証を積み重ねる必要がある。本書では宗教的な色の意味については、わずかに触れた程度であったが、キリスト教の典礼において色の解釈が定められているように、中世の神学者や教会人がいかに色を理解したのかを詮索することも欠かせない。

したがって、ここで述べてきたことは、時間と空間の点で限られているうえに、中世人の生活と思想のわずかな部分をもとに色の世界を述べてきたにすぎない。とはいえ、わずかながらもここに述べてきたことは、さまざまな作品や記録に読めるものであり、ゆえにこの時期の人びとに共通した色彩感情のある部分を言い当てていることもたしかである。中世の人びとが共通にもっていた色のイメージの公約数のようなものであり、そのなかのいくらかを掬い取ることはできたと思う。

本書のなかで何度も述べたように、色のイメージは長い時間をかけて形成される。そして形成された色のイメージは歴史のなかで簡単に消えてしまうようなものではない。中世のイメージが、近代、否、現代にいたるまで痕跡を残しているものもある。ゆえに色のイメージの調査にはむしろ長い時間の視野が必要である。そのような観点から眺めたからこそ、一五世紀の色の価値の大転換が理解できたのであり、それが近代の感性の出発点となったこともわかった。中世末期の黒の流行については、今日にいたる、ゆるぎない黒服の歴史をつくることになったから、単純な流行現象を超えた事象として、長期持続(ロング・デュレ)の転換期としての意義がすでに指摘されている(1)。歴史のなかにきわめて緩慢に現れる変動という意味でアナール学派の使う「長期持続」ということばは、ここで述べてきた色彩感情の世界を語るのにふさわしいことばである。一二世紀から一五世紀まで中世らしい連続した色彩世界があるとともに、以後の近代への転換として位置づけられる色彩感の変貌が一五世紀にある。

かつてホイジンガは、中世末期をルネサンスの告知とはみずに、中世の終末とみようとして、著作を『中世の秋』と題した。私たちがここで述べてきた例でいえば、中世の色のイメージの集大成である『色彩の紋章』は、中世の秋にふさわしく、輝かしくも形骸化した色の意味論をくりひろげていた。しかし、その第二部が特に示していたように、そこには古代以来の知識とキリスト教の解釈という伝統とともに、近代を予測させる新しい感性に裏づけられた色の世界があった。しかも黒の流行に代表される新しい色の価値観は、ルネサンスどころか、今日にいたる黒服の歴史をその後つくったのである。メランコリックな心情に裏打ちされた黒服の流行は、遠く一九世紀のダンディスムの美感さえも思い起こさせ、あまりに近代的であった。しかもそれは単に黒という色に留まる現象ではなかった。黄色も紫色も灰色も、それまで価値ある色としては顧みられなかった色が大挙して価値ある色に昇格したのであり、背景にはそれを促したメランコリックな時代の心性があった。

色の意味の変化は、本書がまさに示してきたように、いくらでも起こることである。しかし一五世紀の悲しみの色の価値の発見はこの時代を特徴づけ、近代的な感性の誕生として特筆すべきことである。本書は一五世紀を、中世の秋でもなくルネサンスの告知でもなく、現代にまでつながる近代的な新しい心性の発現のときとして、その意義を認めたいと思う。

色による排除と連帯の社会

では、色を通してみられた、中世らしい心性とはなにか。中世人は、眼に見えるあらゆる事物にメッセージを読もうとし、色もその例外ではなかった。ゆえに『色彩の紋章』のような作品が生まれ、一方で社会は徹底した色による表示システムを生み出したのである。まず中世社会が徹底した色による表示の社会であったということをふりかえっておこう。

シンボルカラーやユニフォームの使用はいつの時代にも、どこの地域にもみられることだから、そろって紋章の色を身につけたりすることに、私たちはあまり驚かないだろう。それらが連帯、あるいは従属や帰属のしるしとして機能するならなおさらである。しかしその一方で、このような色の機能の裏返しとでもいえるような機能、ひとを排除する際のしるしとして色を使うことには驚かされるのではないか。ユダヤ人、娼婦、芸人、楽師、道化、こうした人びとをコミュニティのなかで明確に分かつために彼らにしるしをつけたことは、連帯や従属・帰属を示して同じ色をつけることとまさに裏腹の関係にある。しかもそのしるしが、どのようなひとが対象であれ、黄色と緑色とミ・パルティと縞という、色と柄にそろって集中することは、排除の論理がきわめて強い社会であったこと、あるいは社会のシステムとして制度化されていたことを思わせる。実際、王の勅令や町の条例、あるいは宗教会議の決議として、ユダヤ人や娼婦のしるしづけは制度化されていた。そして、そのような排除された人びとの傍らに子どもという存在があったことも、私たち現代人には驚くべきことである。

子どももまた黄色と緑色とミ・パルティと縞柄を使うという点で、芸人や道化にあまりにもよく似ていた。フィリップ・アリエスの『〈子供〉の誕生』が、中世には子ども独自の性質に配慮することはなく、子どもは「小さな大人」として認識されたと述べていたが、ここではさらに「不完全な人間」としての存在が大きくクローズアップされる姿があった。子どもたちは理性を備えた人格の形成途上にある不完全な人間であり、そのような意味で貶められた存在であったことを、衣服の色と柄は語っている。アリエスは、中世には子ども独自の服がなかったというが、それどころか芸人や道化と同列に置かれた姿があり、人びとは日常的にその姿を目にし、ゆえに子どもたちをその世界に置いていたのである。

ある種の人びとを区別し、排除するための色の使いかたは、ことさらに現代人の目を引くけれど、しかしこれだけが強調されてはならないだろう。このような事象が生まれたのは、そもそも中世社会が色による表示に熱心だったからである。考えてみれば、中世社会に当たり前のようにある紋章が、貴族の紋章にしろ、都市の紋章にしろ、その最たる表れではないか。しかもドゥヴィーズと称された紋章の世界では、色だけが独立してシンボルカラーとして機能するという現象も中世末期にはあった。騎士たちの自らのアイデンティティも、共同体の市民としてのアイデンティティも、すべて色に頼る社会なのである。鎧兜に全身を包んだ騎士が、自らが何ものかを表示する必要があったから紋章がはじまった、とはよくいわれることだが、紋章の起源は別にして、紋章を使う世界であればこそ色による表示の意識は醸成されたにちがいない。物語文学には、騎馬試合の場面にしばしば匿名の騎士が登場するが、見知らぬ彼らを鎧の色によって赤い騎士、黒い騎士、白い騎士と呼んだりするのも、色が個人のアイデンティティになることの証しである。ベネディクト修道会士が黒僧、フランチェスコ会士が灰僧、シトー会士が白僧と呼ばれたのも同様である。中世人にとって色にはすべて意味がある。市民がそろって着たミ・パルティの衣服にメッセージがあったように、意味なく色をつけることはありえない。だからこそ排除の色が有効なのである。

排除と連帯は裏腹の関係にあるけれど、両者の色使いには微妙なところがある。いずれも左右色分けというデザインを使うこともその一例である。道化のミ・パルティと市民のミ・パルティ、両者の色の由来は異なるけれど、色使いが一致することがあり、しかもそれを画家は同じ画面に描き込むことがある。現代人の目からみればどうしても矛盾を感じるのだが、中世の人びとには矛盾はなかったのか。こうした曖昧性は中世の色のいたるところにある。人格形成の方途として恋愛を肯定する立場にあっても、色恋を断罪するキリスト教の倫理の立場にあっても、同じ緑色で恋愛を表象することも私たちの目からみれば不思議である。

そもそも、ひとつの色が良い意味にも悪い意味にも自在に変化する両義的な性格は、中世の色の意味論の最大の特徴である。『色彩の紋章』のなかでひとつひとつの色が明確に意味づけをされ、あるいは社会のなかで個人と共同体のアイデンティティとして色が最大の役目を負わされるからこそ、論理のほころびが出たのだろうか。それとも、その曖昧性にこそ中世人の感じかたの特徴をみるべきなのだろうか。おそらく両者、厳格性と曖昧性が備わった色の感じかたととらえるべきなのだろう。

ただし、子どもと奉公人の服装の共通性には、じつは子どもが教育の一環として奉公するという習慣、すなわち両者の重なりのあることが垣間見られたように、曖昧な色の使いかたの背景にはなにか中世の事情があるのかもしれない。これについては今後の課題である。

色のトリックとメッセージ

ヨーロッパ中世人の色の感じかた、特に自然の色については、私たち日本人のそれとくらべることで、よりわかりやすくなるかもしれない。本書を『シュレック』の緑の話題からはじめたのは、その源泉となったと思われる中世の緑に対するイメージがきわめてはっきりした正負の価値を示すゆえであった。私たちはそのイメージ形成の経緯をみてきたが、それはひとえに森に囲まれたヨーロッパの自然観に由来していた。そして自然観を緑に託す意識が濃厚であるのにくらべて、その他の自然の色への関心がきわめて希薄であることに気がつく。

四季の風物に恵まれた私たち日本人は、季節の移り変わりとともに生活し、季節を代表する草木や風景の色をきものの色に取り込む「襲色目」の風習を、すでに平安朝の時代にもっている。折々の微妙に異なる自然の色に生活感情を託す日本人にくらべると、中世ヨーロッパの人びとの自然観は貧しくも見えるが、逆にいえば、彼らの自然観のすべてが緑色に集中するほど、五月の森への思いが深かったということである。森に新しい生命が誕生する美しい五月の到来を人びとがどれほど待ち望んだか、それが五月祭という風習を生み、愛と青春の賛歌となって人びとの心を潤した。緑の森の息遣いとともに生きた生活がなければ、あのような緑色への格別の関心は起こらなかった。

自然の緑は人びとの希望のシンボルであるけれど、しかし自然は移ろい、秋の訪れとともに木々の緑の葉は黄や茶に変色し、希望もはかないことを教える。日本人は木々の葉の変色を紅葉と称して歌を詠み、過ぎ行く季節の名残りを惜しみつつ、同時に新しい季節を待ち、自然の移ろいを先取りすることに洗練をみる文化をもっている。しかし、ヨーロッパ中世の人びとにとって、草木の色の変化はどうやら嫌悪すべき無気味な現象であるらしく、緑は変動と二面性の色となり、ひとの世の栄枯盛衰というマイナス価値を付与される。もちろん北ヨーロッパの気候が紅葉を見せる間もなく、早々に寒さと雨で葉を枯らせてしまい、そしてその後、長く辛い冬を耐えねばならないという風土のゆえかもしれない。しかし、このような悲観的な色の見かたは、風土の影響ばかりではなさそうである。

おそらくここには色のトリックへの過剰な反応があるのではないかと思う。序章に触れた聖ベルナルドゥスの色彩観を思い起こしてみよう。スゲリウスが色を光と考え、神を崇敬する手段として色を肯定したのに対し、ベルナルドゥスは色を物質と考え、ものを覆い、暗闇に結びつくものとして否定した。ものを覆う物質としての色とは、真実を隠し、ひとを欺く色であり、このような観念は、赤の章で触れた動物誌のキツネのエピソードを思い出させる。キツネが自分の毛の色に近い赤土の上に死んだふりをして横になり、油断して近づいた獲物を捕らえるという話は、トリックという意味で色を危険視している。色が変わり、それによって物事が紛らわしくなり、ゆえに色は危ういのである。おそらく聖ベルナルドゥスの色彩観念もこのようなことなのである。

一方、中世の染色事情についてパストゥロー氏が述べていることも同じようなことである[2]。中世の染色工房では分業が厳しく定められており、赤の染師にはせいぜい黄色の染色が許されるのみ、青の染師には黒の染色が許されるのみで、赤と青の染色が同じ工房でおこなわれることは絶対になかったという。それは、両者の染浴が混じることを恐れた中世人独特の観念による。すなわち、神の創造物である色を混ぜ合わせて別の色に変えることは神への冒瀆であり、ゆえに色を混合させることはキリスト教の思想によってタブーなのだ。緑色の染色が難しかったのは、黄色と青の染浴を同時に備えることへの抵抗があったからであり、ましてや両者をあわせてあらかじめ緑色をつくろうという発想はなかった。一五世紀まで染色マニュアルはもちろん絵画のマニュアルにおいても、緑色にするために青と黄を混ぜ合わせると記すものは皆無なのだという。

ここで色が神の創造物であるという指摘には注目しなければならない。自然もその色も神のわざと考えるキリスト教の思想は、今さらいうべきことでもないけれど、だからこそ中世人は草木の変色も神のメッセージとして、そこに栄枯盛衰という意味を読まずにはいられなかった。自然とともに、一体化して生活する私たち日本人とは異なる心性である。おそらく、こうした色彩観念から解放されるようになるのが、一五世紀でもあるのだろう。紫色や灰色など中世末期に中間色といわれる色が流行するのも、異種の色を重ねることへの抵抗感が減った証しであろうか。もちろん媒染剤の使いかたによって多くの色のニュアンスを出すことは可能だろうが、『色彩の紋章』第二部が中間色を示す豊かな色の語彙を披露しているのは、少なくとも新しい色を生み出すことへの抵抗が減じた新しい心性を示しているようにみえる。六色の色名で完結した紋章の色の体系は、抽象化して色を取り出した結果である。しかし古来の日本人が植物や顔料の名に由来した具体物による色名を多用したのとは異なる。しかし抽象的な色認識は、中間色を許さない色の世界であり、それが中世のひとつの特徴ともいえる。そのような色の観念が崩れてきたという意味でも一五世紀は新しい時代なのである。

抽象的思想と具体的表現の往還

くりかえすけれど、木々の葉の変色に意味を読まざるをえなかったのは、色を神の創造物と考えたからであった。神は万物の創造者であり、ゆえに色に限らない、あらゆるものが神の意思を示していると中世人は考えた。色の意味論を生んだ背景に、このようなキリスト教の思想があったことをもう少し説明しておきたい。なぜ『色彩の紋章』のような書物が生まれ、色の意味論が好まれたのか、さらに色による表示社会がなぜ生まれたのかがよくわかるはずである。

具体的なかたちをもった事物のいっさいに意味を読もうとする中世人の心のありかたは、中世文明のいたるところに例がある。たとえば、キツネのトリックで引いた動物誌という文学ジャンルが語るのもその例である。神が創り賜うた獣たちは、すべて神からのメッセージをもっており、ゆえに動物の生態に神のメッセージを読み込んだのがこの動物誌である。獅子、虎、豹などヨーロッパの当時のひとが見たこともない動物から、狼やキツネなど近隣に生息する動物、あるいはペリカンや大鷭（おおばん）などの鳥類、また不死鳥やグリフォンなど架空の動物にいたるまで、その生態が古代以来の自然学の著作を借りて述べられているから、一種の動物学の著作ともいえる作品群である。しかし説明の大半は、動物の生態や習性がキリスト教として何を伝えているのかの解説で占められ、あるいはキリスト教としての解説に都合よくつくられた荒唐無稽な習性で占められている。

たとえば、獅子は死産をするが、三日目に父親が子に息を吹きかけて生き返らせる。この習性はイエスの復活を示している。ペリカンは親に刃向かった子を羽根でたたいて殺してしまうが、親鳥は三日後に自分の胸を突ついて血を流し、子にかけて蘇らせる。すなわちペリカンはイエス・キリストの象徴である、という具合である。(3)

シシルの『色彩の紋章』第一部が書かれているのは、まさしくこのような論理のなかである。たとえば金色は、福音書が述べているように、タボル山上で使徒たちの前でご変容なさった神の子の輝かしい色である。銀色は、主イエスが使徒の前に、真っ白な衣を着た姿を現したと聖書が述べている色である。赤は殉教者の受難の色であり、愛と慈愛の徳を意味することが聖書にくりかえされている。黒は苦悩と苦痛を意味するが、苦悩するよきキリスト者は、天に召されたとき神に喜ばれ、悲しみを喜びに変えることができる。シシルの説明は宗教的説明に尽きるわけではないけれど、かなりを占めており、その説明は動物誌と同じように、キリスト教の思想を神のメッセージとして伝えるものである。『色彩の紋章』第二部はこのようなキリスト教の解釈を免れてはいるけれど、執拗なまでの意味づけは同じ世界のことである。動物誌も、キリスト教的な解釈を中心にした正統な作品に対して、動物の行動にひとの恋愛心理や行為を読む『愛の動物誌』といった作品を生み出している。事物になんらかの意味を読み、あるいは読み替えねば気が済まない中世人のこのような心的傾向のなかに、色の意味論はある。

さて、具体的な事物に意味を認めることは、逆に抽象的な観念や思想を具体的事物によって示そうとする発想につながる。すなわち、これが中世文明になじみの擬人化という手法であり、その例は文学にも美術にもいくらでも例があることは、本書でも何度か触れた通りである。たとえば、キリスト教の説く七つの大罪と七つの美徳という倫理を伝えようとするとき、それぞれの徳目が人間のかたちをもたされて聖堂の壁面に表されるのもそのひとつである。貪欲という悪徳は、櫃に着物をかかえこんでいる姿で表され、臆病という悪徳は兎におののく騎士の姿で表され、要するに抽象的な道徳観が人間の具体的な行為・行動によって示される。[4]

擬人化の手法を使った文学の例としては、本書がたびたび引用した『薔薇物語』がもっとも有名である。ここでは恋愛にまつわる美徳や悪徳、あるいは恋愛心理など、すべてが人間のかたちをとって登場し、人間同士の葛藤を描きながら、徳目や心理の葛藤を描こうとする。たとえば、薔薇の蕾に恋をした主人公は、〈歓待〉と呼ばれる人物の協力を得て薔薇に接吻を許されたものの、〈羞恥〉と呼ばれる女性に阻まれて恋が中断する。すなわち恋する主人公を受け入れようとする女性の気持ちを〈歓待〉という人物によって示し、そしてそのような恋に恐れと羞恥心を抱いてとどまろうとする女性の気持ちを〈羞恥〉という人物によって示そうというわけである。

眼に見えるかたちをもったもので抽象的な思想を示そうとする、中世人の心的傾向について、抽象化の能力が彼らには不足していたからであると解釈されることがある。かつて名著『封建制度』（一九四四年）を著したF・L・ガンスホーフは、主従の誓いをする臣従の儀礼において、主君となるものが臣下となるものの手を両手で包みこむという身振りは、あきらかに主君の臣下に対する保護の気持ちの表明であり、このような身振りが儀礼に伴うのは中世人の抽象能力が不足するためであるとした⑤。

そうであるかもしれないが、とはいえ、抽象的なものを具体的に表し、具体的なものに抽象的なものを読もうとするその過程に、中世らしい文化が成立したこともたしかである。中世の色の世界はその文化の一端を担っている。

視覚の優位

さて、色の意味論をくりひろげた中世人の心的傾向について、もうひとつ述べておきたいことがある。それは、色に対する中世人の並々ならぬこだわりが、おそらく人間の五感のなかでも特に視覚に優位を置くという時代の心性の結果であるように思われるということである。五感のなかでも視覚という感覚への特に強いこだわりが中世文明のいたるところに現れるからである。

前章で紹介した『黒色という名の女とタンニン色という名の女の論争』のなかで、彼女たちの論争の焦点が見るという行為にあったのもそのひとつの例証である。一方は愛するひとに会うことはできるけれど、それ以上はかなわないという悩みであり、一方は相思相愛の仲であるけれど音信が途絶え、会うことがかなわないという悩みであった。そして、黒色の女性が自らのほうがより辛いと訴える主張には、やはり視覚という感覚が根拠にある。すなわち会えないひとを想う心より、会えるひとを想う心のほうがより想いは強く、それにもかかわらず報われない心はより辛いという理屈である。要するに、会えなければいずれ忘れるだろうが、絶えず彼の姿を目にしなければならない黒色の女性には、かなわぬ恋の辛さが増幅するばかりだと言いたいのである。

パリの国立中世美術館（クリュニー美術館）が所蔵する有名な《一角獣と貴婦人》（一五世紀末）の六枚連作のタピスリーのうち五枚が五感をそれぞれ示していると解釈されているように、中世末期には五感についての論議が少なからずあり、そこで優位に置かれるのはつねに視覚という感覚であった。スゲリウスに対抗して聖ベルナルドゥスが色彩を否定したことには、彼が視覚よりも聴覚に優位を置き、ゆえに色よりもことばや歌やリズムに重きを置いたがためとする指摘がある。五つの感覚のなかで視るという感覚への強いこだわりがなければ、当然ながら色への関心は起こらないだろう。

中世の人びとが見るという行為にどれほどこだわっていたのかは、現代の私たちからみれば異常というほどである。一目惚れということばが私たちにもあるから、恋と視覚との親密な関わりには驚くにはあたらないけれど、中世人の恋愛思想において、この関係へのこだわりは尋常ではない。一二世紀に、恋愛のいわば指南書として司祭アンドレによって書かれた『恋愛法典』という書物があることは、緑の章で触れた。これが語る愛の効果についてはすでに紹介したが、冒頭に恋愛を定義して、「恋愛とは、異性の美しさを見ることから、またその過度の瞑想から生じる生来の苦しみである」と述べるところがある。これにはさして驚かないが、しかしその後どのようなひとに恋愛がふさわしいのか、年齢の制限などを述べ、そして目の見えないひとには恋は不可能であること、ただし失明以前に恋人を得ているのであるなら可能であるとわざわざ付け加えていることには、見るという行為へのこだわりを感じないわけにはいかない。そして恋愛の契機になる視覚は、「眼による一撃」という表現によって文学上のレトリックとして展開する。さらに「心と眼の論争」という文学テーマに発展するとともに、涙をながす眼といった文様の世界までつくりあげていくのである。前章に触れた涙模様はこの世界のことである。

中世の恋の矢はしたがって心臓ではなく眼に刺さらねばならない。『薔薇物語』でも、薔薇の蕾に恋をした主人公が愛の神に矢を射たれたとき、その矢はまず眼を射ぬき、ついで心臓に達している。私たちには矢が心臓を貫いているモチーフの方が馴染みがあるけれど、中世人にとって矢は眼を貫くものなのである。動物の生態になぞらえて恋愛の過程を述べたリシャール・ド・フルニヴァルの『愛の動物誌』(一三世紀末)には、カラスが死体の目をつつくことを、奇妙にもこのことに重ねて述べているところがある。[6] カラスが死体を見つけるとまず目をつつくのは、ひとの心が眼によって誘惑されることを示し、それからカラスが脳味噌に食らいつくのは、恋によってひとが理性を失うことを示しているのだという。リシャールによれば、視覚は恋の契機であり、聴覚は恋の目的である。恋に落ち、かなわぬ恋に心が苦しむのは、眼が美しい異性を見てしまったがゆえである。ここに眼と心がそれぞれ擬人化され、心が眼を詰るという「心と眼の論争」というテーマの作品が生まれることになる。眼に涙をこぼさせるのは心による眼への復讐なのだという。眼と涙の模様の登場とともに、いわゆるハート形の心臓として心が形象化されるのもこのときである。[7]

視覚の優位が説かれるのは、恋愛を語る書においてばかりではない。道徳書において罪の発端とされるのも視覚である。『ラ・トゥール・ランドリーの騎士の書』は、一三七二年頃に娘のための教育書として書かれたものであるが、貞淑な女性にとって軽率に見ることがいかに危険であるかが、あちこちに説かれている。たとえば、イヴが禁断の木の実を食べ、アダムに勧め、そうして二人が天国を追われることになったのも、イヴが木の実を見たからであり、それが美味しそうに見えたからである。恋愛の世界では「甘美な視線」と形容され、道徳の世界では「気紛れな視線」と形容されるけれど、いずれにあっても視覚が問題なのである。[8]

視覚という感覚を尊重する中世人の心性は、色への興味を促す最大の要件である。なにごとも眼に見えるかたちに表さねば気が済まず、また逆に眼に見える事物には意味を認めねば気の済まない中世人の心的傾向はここに由来する。そして、ここに色の意味論が生まれるのであり、また色による徹底した表示社会もここに生まれるのであろう。

色彩という表象世界

さて、本書で私たちが対象としてきたのは、美術作品でも、文学作品でもなく、哲学や思想でもない。それらを史料として使うことはあっても、あるいは作品の解釈にまで踏み込まねばならないことがあったとしても、注目したのは作品が色をいかに使い、そこに人びとの心情がいかに示されているかということであった。色という表象を通して中世人のこころの世界に迫ることは、迷信といった素朴な感情の世界に立ち入ることでもあったし、また制度化された社会システムとしての強面の側面に触れることでもあった。視覚という感覚を尊重すること、具体的事物と抽象的思想の間に往還の思考があること、こうした中世人の心的傾向を知るにはなにも色にばかりこだわる必要はない。いわゆる文学研究でも美術研究でも可能であるし、ガンスホーフのように封建儀礼の調査からも理解できるだろう。しかし、色に注目して作品や記録を見ていくとき、自然に寄せる感情から、ひとを蔑視・排除する意識まで、中世人の日々の繊細な感情生活を色はなんと饒舌に語ってくれることか。色彩は中世人の心性を知るために恰好の表象世界である。

注

序章

(1)『読売新聞』一九九五年二月八日朝刊第二六面。

(2) ミシェル・パストゥロー『ヨーロッパの色彩』石井直志・野崎三郎訳、パピルス、一九九五年、五〇頁。Herman Pleij, *Colors Demonic & Divine: Shades of Meaning in the Middle Ages and after*, tr. D. Webb, Columbia University Press, New York, 2004, p. 84.

(3) 拙著『服飾の中世』勁草書房、一九九五年、一九一―二六九頁。

(4) Michel Pastoureau, « Morales de la couleur: le chromoclasme de la Réforme », *La Couleur: Regards croisés sur la couleur du Moyen-Âge au XXe siècle, Cahiers du Léopard d'or*, no. 4, Paris, 1994, pp. 27-46; ミシェル・パストゥロー『青の歴史』松村恵理・松村剛訳、筑摩書房、二〇〇五年。

(5) 山田欣吾「暗黒の中世」の色――紀元一〇〇〇年前後のヨーロッパを中心として」、城一夫・徳井淑子・山田欣吾・池上公平・上坂信男・柏木希介『色彩の歴史と文化』明現社、一九九六年、九一―一二五頁。

(6) Michel Pastoureau, « L'Eglise et la couleur des origines à la Réforme », *Bibliothèque de l'Ecole des Chartes*, t. 147, 1989, pp. 203-210.

(7) クレチアン・ド・トロワ「ペルスヴァルまたは聖杯の物語」天沢退二郎訳、『フランス中世文学集』第二巻、白水社、一九九一年、二二二頁。

(8) ウンベルト・エーコ『薔薇の名前』全二巻、河島英昭訳、東京創元社、一九九〇年。

（9）Pastoureau, « L'Eglise et la couleur des origines à la Réforme », *Op. cit.*, p. 40; ミシェル・パストゥロー「青から黒へ——中世末期の色彩倫理と染色」、『中世衣生活誌——日常風景から想像世界まで』徳井淑子編訳、勁草書房、二〇〇〇年、一三九頁。

（10）Guillaume de Machaut, *Le Livre du voir-dit*, Lettres gothiques, Librairie générale française, Paris, 1999, v. 2010 sqq., v. 5180 sqq.

（11）シシル『色彩の紋章』伊藤亜紀・徳井淑子訳・解説、悠書館、二〇〇九年。著作についての説明は次を参照。Elizabeth Nelson, *Le Blason des couleurs: a treatise on color theory and symbolism in northern Europe during the early Renaissance*, Ph. D. Thesis, Brown University, UMI, Ann Arbor, Mich., 1998.

（12）拙著『涙と眼の文化史——中世ヨーロッパの標章と恋愛思想』東信堂、二〇一二年、七六—一〇九頁。

第I章

（1）シシル『色彩の紋章』伊藤亜紀・徳井淑子訳・解説、悠書館、二〇〇九年、六三—六五頁。

（2）Brent Berlin and Paul Kay, *Basic Color Terms: Their Universality and Evolution*, University of California Press, Berkeley, 1969, p. 23 sqq.

（3）Michel Pastoureau, « Vogue et perception des couleurs dans l'Occident médiéval: le témoignage des armoiries », *Etudes sur la sensibilité au Moyen Age* (Actes du 102e congrès national des sociétés savantes, Limoges, 1977), Bibliothèque Nationale, Paris, 1979, pp. 81-102.

（4）*Ibid.*, pp. 92-93.

（5）拙著『服飾の中世』勁草書房、一九九五年、八四—八八頁を参照。

(6) ホイジンガ『中世の秋』下巻、堀越孝一訳、中央公論社（中公文庫）、一九七六年、二三二頁。
(7) 前掲シシル『色彩の紋章』、一〇四―一〇五頁。
(8) 同書、二四頁。
(9) 同書、六五―六六頁。
(10) ミシェル・パストゥロー『青の歴史』松村恵理・松村剛訳、筑摩書房、二〇〇五年、二四―二六頁。
(11) 谷川健一・大林太良・松田修「鼎談 色の象徴と変容――色のフォークロア」、『is』増刊号「総特集色」ポーラ文化研究所、一九八二年、二一―三〇頁。
(12) 婚礼衣裳が白くなったのは一九世紀イギリスのヴィクトリア女王の時代のことである。坂井妙子『ウエディングドレスはなぜ白いのか』勁草書房、一九九七年。
(13) Léon Gautier, *La chevalerie*, Victor Palmé, Paris, 1884, p. 185 sqq., p. 292; フィリップ・デュ・ピュイ・ド・クランシャン『騎士道』川村克己・新倉俊一訳、白水社（クセジュ文庫）、一九六三年、七〇―七一頁。
(14) 前掲シシル『色彩の紋章』、八六―八七頁。
(15) Roger Lathuillère, *Guiron le Courtois*, Droz, Genève, 1966, pp. 438, 454.
(16) Bernard Guenée & Françoise Lehoux, *Les Entrées royales françaises de 1328 à 1515*, C. N. R. S., Paris, 1968, p. 191.
(17) フランソワ・ラブレー『ガルガンチュアとパンタグリュエル』第一巻、宮下志朗訳、筑摩書房（ちくま文庫）、二〇〇五年、九二―九三頁。
(18) 前掲シシル『色彩の紋章』、一八頁。
(19) 同書、七八頁。
(20) ジャック・リバール『中世の象徴と文学』原野昇訳、青山社、二〇〇〇年、五〇―五四頁。『剣と愛と——中世ロマニアの文学』中央大学人文科学研究所編、中央大学出版部、二〇〇四年、五〇頁。フィリップ・ヴァルテール『ユーラシアの女性神話——ユーラシア神話試論Ⅱ』渡邉浩司・渡邉裕美子訳、中央大学出版部、二〇二一年、第9章「羽衣とケルト人の「白い女神」」。

(21) René d'Anjou, *Le Livre du cœur d'amour épris*, éd. F. Bouchet, Lettres Gothiques, Librairie générale française, Paris, 2003.

(22) Georges Chastellain, « Livre des faits de Jacques de Lalaing », *Œuvres*, éd. Kervyn de Lettenhove, 8 vols, Bruxelles, 1863-1866 (Slatkine Rep. 1971), t. VIII, p. 16.

(23) ギヨーム・ド・ロリス、ジャン・ド・マン『薔薇物語』上巻、篠田勝英訳、筑摩書房（ちくま文庫）、二〇〇七年、一八頁以下。

(24) 前掲シシル『色彩の紋章』、三五頁。

(25) 以下は『フランス中世文学集』第一巻、白水社、一九九〇年所収の新倉俊一訳のベルールとトマの「トリスタン物語」、およびベディエによる翻案『トリスタン・イズー物語』佐藤輝夫訳、岩波書店（岩波文庫）、一九八五年を参照。

(26) 次の著作は、一九世紀の赤毛観を中心とした髪の表象文化に関するものだが、金髪、黒髪、赤毛という中世の髪の表象を知るうえでも参考になる。高橋裕子『世紀末の赤毛連盟——象徴としての髪』岩波書店、一九九六年。

第Ⅱ章

(1) André G. Ott, *Etude sur les couleurs en vieux français*, Emile Bouillon, Paris, 1899 (Slatkine Rep. 1977), p. 102 sqq.

(2) 伊藤亜紀『色彩の回廊——ルネサンス文芸における服飾表象について』ありな書房、二〇〇二年、二五頁以下。

(3) ミシェル・パストゥロー『ヨーロッパ中世象徴史』篠田勝英訳、白水社、二〇〇八年、一九三―二〇六頁。

(4) 伝ピエール・ド・ボーヴェ「動物誌」福本直之訳、『フランス中世文学名作選』白水社、二〇一三年、四六二頁。

(5) シシル『色彩の紋章』伊藤亜紀・徳井淑子訳・解説、悠書館、二〇〇九年、九九―一〇〇頁。

(6) 梶原新三「幻の天然染料〈ケルメス〉探究紀行」全三回、『染織α』一九九二年一二月号、一八―二五頁、一九九三年二月号、三九―四二頁、同年三月号、三八―四〇頁。ドミニク・カルドン「地中海の高貴な天然染料――貝紫・ケルメス・ウォード」第一回、第三回、佐々木紀子訳、『染織α』二〇〇一年一月号、一八―二二頁、同年五月号、五六―五九頁。

(7) Louis Douët-D'Arcq, *Comptes de l'argenterie des rois de France au XIV*^{e} *siècle*, Renouard, Paris, 1851, pp. 333-334.

(8) パープル染めについては以下を参照。*Cahiers Ciba*, « La pourpre », 1946, no. 5, Bâle 所収の Wolfgang Born の論考。ドミニク・カルドン「地中海の高貴な天然染料――貝紫・ケルメス・ウォード」第二回、佐々木紀子訳、『染織α』二〇〇一年三月号、五五―五八頁。前掲伊藤『色彩の回廊』、一八三頁以下。拙著『服飾の中世』勁草書房、一九九五年、一七三―一七五頁。

(9) 前掲シシル『色彩の紋章』、七一頁。

(10) ギヨーム・ド・ロリス、ジャン・ド・マン『薔薇物語』上巻、篠田勝英訳、筑摩書房（ちくま文庫）、二〇〇七年、五八―六一頁。

(11) Wolfgang Born, « Le mollusque de la pourpre », *Cahiers Ciba, Op. cit.*, p. 142.

(12) 前掲シシル『色彩の紋章』、九〇頁。

（13）　前掲伊藤『色彩の回廊』、五六頁以下。
（14）　以下は、次に収録されている鉱物誌のテクストから、ほぼ共通している効能を引用。*English Mediaeval Lapidaries*, ed. J. Evans & M. S. Serjeanston, EETS, Oxford University Press, London, 1960; マルボード・ド・レンヌ「金石誌」福本直之訳、『フランス中世文学名作選』白水社、二〇一三年。
（15）　以下、子どもの赤い服やお守りについては、ダニエル・アレクサンドル＝ビドンによる次の論文を参照。「巻き紐から衣服へ――中世の子ども服」、『中世衣生活誌――日常風景から想像世界まで』徳井淑子編訳、勁草書房、二〇〇〇年、一〇―一一頁。Danièle Alexandre-Bidon, « La dent et le corail ou la Parure prophylactique de l'enfance à la fin du Moyen Age », *Razo, cahiers du Centre d'études médiévales de Nice*, no. 7, 1987, pp. 5-35.
（16）　前掲梶原「幻の天然染料〈ケルメス〉探究紀行」第一回、一三頁。
（17）　Jules Guiffrey, *Inventaires de Jean, duc de Berry (1401-1416)*, Ernest Leroux, Paris, 1894-1896, t. 1, pp. 145-149.
（18）　大槻真一郎「De virtute lapidum（石の力について）」、『明治薬科大学研究紀要　人文科学・社会科学』第一〇号、一九八〇年、一―五一頁。

第Ⅲ章

（1）　ミシェル・パストゥロー『青の歴史』松村恵理・松村剛訳、筑摩書房、二〇〇五年、「まえがき」。
（2）　Théodore Godefroy, *Le Cérémonial français*, Paris, 1649, t. 1, pp. 17, 27.
（3）　Hervé Pinoteau, *Vingt-cinq ans d'études dynastiques*, Editions Christian, Paris, 1982, p. 448 sqq.
（4）　シシル『色彩の紋章』伊藤亜紀・徳井淑子訳・解説、悠書館、二〇〇九年、三〇―三四頁。

（5）同書、九一頁。

（6）ドミニク・カルドン「地中海の高貴な天然染料——貝紫・ケルメス・ウォード」第四回、佐々木紀子訳、『染織α』二〇〇一年七月号、六〇—六三頁。Janick Magne, « La waide de Picardie, une petite histoire de la guède, ou pastel des teinturiers (Isatis tinctoria) »,『共立女子大学文芸学部紀要』第四〇集、一九九四年、四三—五九頁。

（7）Françoise Piponnier, « Le choix des couleurs, au féminin et au masculin: Le cas du costume bourguignon (XIVe-XVe siècle) », *Tejer y vestir: de la Antigüedad al Islam* (*Estudios Árabes e Islámicos: Monografías 1*), ed. Manuela Marín, CSIC Press, Madrid, 2001, pp. 453-471.

（8）前掲シシル『色彩の紋章』、七三—七四頁。

（9）同書、九五頁。

（10）Christine de Pizan, *Cent ballades d'amant et de dame*, éd. J. Cerquiglini, Union générale d'éditions, Paris, 1982, XCI, XCII; 邦訳は次の書の横山安由美氏による。クリスティーヌ・ド・ピザン『詩人クリスティーヌ・ド・ピザン』沓掛良彦・横山安由美編訳、思潮社、二〇一八年、一〇四—一〇六頁。

（11）森洋子「青いマント——ブリューゲルの諺の世界」、『女子大通信』第四九一号、日本女子大学、一九八九年、三—九頁、二七頁。

（12）伊藤亜紀「青い〈嫉妬〉——『イコノロジーア』と15—16世紀の色彩象徴論」、『美学』第二一九号、二〇〇四年、一—一三頁。同『青を着る人びと』東信堂、二〇一六年、一四五—一四七頁、一六三頁以下。

（13）ギヨーム・ド・ロリス、ジャン・ド・マン『薔薇物語』下巻、篠田勝英訳、筑摩書房（ちくま文庫）、二〇〇七年、「解説」、四一七—四一九頁。月村辰雄「摘まれなかったバラ——『バラ物語』論争と擁護派の論旨について」、『仏語仏文学研究』第五号、一九九〇年、一三—四四頁。

(14) ピエール・ビュロー「《ズボンをめぐる争い》——ある世俗的主題の文学と図像のヴァリエーション（13—16世紀）」、『中世衣生活誌——日常風景から想像世界まで』徳井淑子編訳、勁草書房、二〇〇〇年、一四三—一七九頁。

(15) 拙著『服飾の中世』勁草書房、一九九五年、一五四—一六一頁、一六五—一七二頁。

(16) Wernher le Jardinier, *Helmbrecht le Fermier*, tr. A. Moret, Aubier, Paris, 1938; 黒川祐子「ナイトハルトの歌の服飾表現」、『服飾美学』第二八号、一九九九年、一五—三〇頁。

(17) *Proverbes et dictons populaires*, éd. G. A. Crapelet, impr. de Crapelet, Paris, 1831, p. 70 sqq.

第Ⅳ章

(1) 遠山茂樹「アルビオンの森林史話」、甚野尚志・堀越宏一編『中世ヨーロッパを生きる』東京大学出版会、二〇〇四年、三五—五八頁。

(2) シシル『色彩の紋章』伊藤亜紀・徳井淑子訳・解説、悠書館、二〇〇九年、七〇—七一頁。

(3) 同書、九四頁。

(4) 同書、九一頁。

(5) Nicole Belmont, « Le joli mois de mai », *L'Histoire*, no. 1, 1978, pp. 17-25; Joseph Bédier, « Les fêtes de Mai et les commencemens de la poésie lyrique au Moyen Age », *Revue des Deux-Mondes*, 1er Mai, 1896, pp. 146-172.

(6) Louis Douët-D'Arcq, *Nouveau recueil de comptes de l'argenterie des rois de France au XIVe siècle*, Renouard, Paris, 1874, pp. 129-130, 196-197; 拙著『服飾の中世』勁草書房、一九九五年、三七頁以下参照。

(7) Henri Laurent, *Un Grand commerce d'exportation au Moyen Age, La draperie des Pay-Bas en France et dans les pays méditerranéens* (*XII*^{e}*-XV*^{e} *siècle*), Droz, Paris, 1935; R. L. Reynolds, « The Market for Northern Textiles in Genoa 1179-1200 », *Revue belge de Philologie et d'histoire*, t. VIII, 1929, p. 841.

(8) *La Chasse de Gaston Phœbus*, éd. J. Lavallée, bureau du "Journal des chasseurs", Paris, 1854, p. 165.

(9) Françoise Piponnier, « Le choix des couleurs, au féminin et au masculin: Le cas du costume bourguignon (XIVe-XVe siècle) », *Tejer y vestir: de la Antigüedad al Islam* (*Estudios Árabes e Islámicos: Monografías 1*), ed. Manuela Marín, CSIC Press, Madrid, 2001, pp. 458, 461.

(10) Marguerite Gonon, *La Vie familiale en Forez au XIV*^{e} *siècle et son vocabulaire d'après les testaments*, Les Belles Lettres, Paris, 1961, p. 153.

(11) エセル・メレ『植物染色』寺村祐子訳著、慶應義塾大学出版会、二〇〇四年、六六—六九頁。

(12) Belmont, « Le joli mois de mai », *Op. cit.*, p. 21; Bédier, « Les fêtes de Mai et les commencemens de la poésie lyrique au Moyen Age », *Op. cit.*, p. 150.

(13) Eustache Deschamps, *Œuvres complètes*, éd. Queux de Saint-Hilaire & G. Raynaud, 11 vols, SATF, Firmin-Didot, Paris, 1878-1903, t. 3, CCCCXIX, CCCCXX.

(14) Belmont, « Le joli mois de mai », *Op. cit.*, pp. 19-20.

(15) *Romances et pastourelles, françaises des XII*^{e} *et XIII*^{e} *siècles*, éd. K. Bartsch, F. C. W. Vogel, Leipzig, 1870 (Slatkine Rep. 1973), p. 19.

(16) Erwin Panofsky, *Early Netherlandish Painting, Its Origins and Character*, Icon Editions, Harper & Row, New York / London, 1971; エドウィン・ホール『アルノルフィーニの婚約——中世の結婚とフ

アン・エイク作《アルノルフィーニ夫妻の肖像》の謎』小佐野重利・北澤洋子・京谷啓徳訳、中央公論美術出版、二〇〇一年。

(17) H. David, *Philippe le Hardi, duc de Bourgogne et co-régent de France, de 1392 à 1404, le train somptuaire d'un grand Valois,* Impr. de Bernigaud et Privat, Dijon, 1947, p. 52; Jean Baptiste de La Curne de Sainte-Palaye, *Mémoires sur l'ancienne chevalerie, considérée comme un établissement politique & militraire*, 2 vols, Chez Nic. Bonav. Duchesne, Libraire, Paris, 1781, t. 2, p. 216 sqq.

(18) Douët-D'Arcq, *Nouveau recueil de comptes de l'argenterie des rois de France au XIV*[e] *siècle, Op. cit.*, p. 6.

(19) ダニエル・アレクサンドル＝ビドン「巻き紐から衣服へ──中世の子ども服」、『中世衣生活誌──日常風景から想像世界まで』徳井淑子編訳、勁草書房、二〇〇〇年、二七頁。

(20) Douët-D'Arcq, *Nouveau recueil de comptes de l'argenterie des rois de France au XIV*[e] *siècle, Op. cit.*, pp. 238 sqq., 248.

(21) Michel Pastoureau, « Formes et couleurs du désordre: le jaune avec le vert », *Médiévales*, t. 4, 1983, pp. 62-73.

(22) John Lydgate, *Fall of Princes*, ed. H. Bergen, EETS, Oxford University Press, London, 1967, book 1, ll. 6444-6447.

(23) Herman Pleij, *Colors Demonic & Divine: Shades of Meaning in the Middle Ages and after*, tr. D. Webb, Columbia University Press, New York, 2004, p. 84.

(24) 伊藤亜紀『色彩の回廊──ルネサンス文芸における服飾表象について』ありな書房、二〇〇二年、一六一頁。

(25) ギヨーム・ド・ロリス、ジャン・ド・マン『薔薇物語』上巻、篠田勝英訳、筑摩書房（ちくま文庫)、二〇〇七年、二二頁。
(26) 同書、三六―四〇頁。
(27) アンドレーアース・カペルラーヌス『宮廷風恋愛について――ヨーロッパ中世の恋愛術指南の書』瀬谷幸男訳、南雲堂、一九九七年、一四―一五頁。

第V章

(1) 以下は次の著作による。阿部謹也「黄色いマーク」、『中世の星の下で』筑摩書房(ちくま学芸文庫)、二〇一〇年。シーセル・ロス『ユダヤ人の歴史』長谷川真・安積鋭二訳、みすず書房、一九八五年。Ulysse Robert, *Les Signes d'infamie au Moyen Age: Juifs, Sarrasins, hérétiques, lépreux, cagots et filles publiques*, H. Champion, Paris, 1891, pp. 8, 12.
(2) 一二世紀以降のキリスト教美術に、ユダヤ人のアトリビュート(属性)であるかのように頂部の尖った帽子が頻出するが、これが現実の習俗を写したものか、またユダヤ人独自の服装がどうであったか、じつはわかっていない。この種の帽子が反ユダヤ主義的動向にあることはたしかだが、それぞれの図像のコンテクストのなかでユダヤ人は必ずしも憎悪の対象ではなく、またユダヤ人以外にもこの種の帽子が描きこまれることがあることを、次の書が検証している。木俣元一『ゴシックの視覚宇宙』名古屋大学出版会、二〇一三年、二二六―二五五頁。
(3) フランソワ・ベスフルグ、エバーハルト・ケーニヒ『ベリー公のいとも美しき時禱書』冨永良子訳、岩波書店、二〇〇二年、一四頁、五八頁、六二頁。
(4) Algirdas Julien Greimas, *Dictionnaire de l'ancien français jusqu'au milieu du XIVe siècle*, Larousse, Paris, 2 éd., 1968, « fauve » の項。
(5) シシル『色彩の紋章』伊藤亜紀・徳井淑子訳・解説、悠書館、二〇〇九年、六六―六七頁。

（6）『狐物語』鈴木覺・福本直之・原野昇訳、白水社、一九九四年。
（7）Gervais du Bus, *Le Roman de Fauvel*, éd. A. Långfors, Firmin Didot, Paris, 1914-1919, v. 171 sqq.
（8）前掲シシル『色彩の紋章』、六七頁。
（9）ギヨーム・ド・ロリス、ジャン・ド・マン『薔薇物語』上巻、篠田勝英訳、筑摩書房（ちくま文庫）、二〇〇七年、二七頁。なお本訳書では〈悲哀〉と訳されているが、本書が〈悲しみ〉と訳している語と同じ « tristesse » である。
（10）René d'Anjou, *Le Livre du cœur d'amour épris*, éd. F. Bouchet, Lettres Gothiques, Librairie générale française, Paris, 2003, p. 164.
（11）Roger Lathuillère, *Guiron le Courtois*, Droz, Genève, 1966, p. 273 sqq.
（12）Louis Douët-D'Arcq, *Comptes de l'argenterie des rois de France au XIVe siècle*, Renouard, Paris, 1851, pp. 31-32, 37.
（13）前掲シシル『色彩の紋章』、九五頁。
（14）フィリップ・アリエス『〈子供〉の誕生——アンシァン・レジーム期の子供と家族生活』杉山光信・杉山恵美子訳、みすず書房、一九八〇年。
（15）ダニエル・アレクサンドル＝ビドン「巻き紐から衣服へ——中世の子ども服」、『中世衣生活誌——日常風景から想像世界まで』徳井淑子編訳、勁草書房、二〇〇〇年、二一—四六頁。
（16）拙著『服飾の中世』勁草書房、一九九五年、二七一—二七六頁。
（17）拙論「中世フランス服飾の色彩感情」、城一夫・徳井淑子・山田欣吾・池上公平・上坂信男・柏木希介『色彩の歴史と文化』明現社、一九九六年、七三—七九頁。

第Ⅵ章

（1） Michel Pastoureau, « Formes et couleurs du désordre: le jaune avec le vert », *Médiévales*, t. 4, 1983, pp. 62-73.

（2） Paul Lacroix, *Recueil curieux de pièces originales rares ou inédites en prose et en vers sur le costume et les révolutions de la mode en France*, Administration de librairie, Paris, 1852, p. 144.

（3） ミシェル・パストゥロー『縞模様の歴史——悪魔の布』松村剛・松村恵理訳、白水社（白水Uブックス）、二〇〇四年、一三一—四八頁。

（4） ジャック・ロシオ『中世娼婦の社会史』阿部謹也・土浪博訳、筑摩書房、一九九二年、七五頁。

（5） Ulysse Robert, *Les Signes d'infamie au Moyen Age: Juifs, Sarrasins, hérétiques, lépreux, cagots et filles publiques*, H. Champion, Paris, 1891, pp. 175-189.

（6） 黒瀬保編『中世ヨーロッパ写本における運命の女神図像集』三省堂、一九七七年。

（7） John Lydgate, *Fall of Princes*, ed. H. Bergen, EETS, Oxford University Press, London, 1967, book 6, ll. 43-51.

（8） 上尾信也「楽師伝説——人びとと音楽をつなぐもの」、甚野尚志・堀越宏一編『中世ヨーロッパを生きる』東京大学出版会、二〇〇四年、二三一—二四九頁。

（9） Louis Douët-D'Arcq, *Comptes de l'argenterie des rois de France au XIVe siècle*, Renouard, Paris, 1851, pp. 20, 149-157; Jules-Marie Richard, *Une Petite-nièce de Saint Louis, Mahaut, Comtesse d'Artois et de Bourgogne, 1302-1329*, Champion, Paris, 1887, pp. 169, 174, 176, 183, 188.

（10） Richard, *Une Petite-nièce de Saint Louis, Mahaut, Comtesse d'Artois et de Bourgogne*, *Op. cit.*, pp. 174, 179, 182.

（11） Douët-D'Arcq, *Comptes de l'argenterie des rois de France au XIVe siècle*, *Op. cit.*, p. 102 sqq.

(12) フィリップ・アリエス『〈子供〉の誕生——アンシァン・レジーム期の子供と家族生活』杉山光信・杉山恵美子訳、みすず書房、一九八〇年、二八—二九頁、三四四—三四五頁。

第VII章

(1) Théodore Godefroy, *Le Cérémonial français*, Paris, 1649, t. 1, p. 637.

(2) 入市式については、この儀式に関わる記録を集成した前掲 Bernard Guenée & Françoise Lehoux, *Les Entrées royales françaises de 1328 à 1515*, C. N. R. S., Paris, 1968 の序論による。入市式のスペクタクル的趣向については、次の論考が参考になる。河原温「十五世紀フランドルにおける都市・宮廷・儀礼——ブルゴーニュ公のヘント「入市式」を中心に」、『宮廷と広場』高山博・池上俊一編、刀水書房、二〇〇二年、二〇七—二二七頁。同「15世紀フランドルにおける都市とブルゴーニュ公権力——フィリップ善良公のブルッヘ「入市式」(1440年)を中心に」、『ヨーロッパ中世の権力編成と展開』渡辺節夫編、東京大学出版会、二〇〇三年。

(3) 都市と市民の性格については次を参照。フリッツ・レーリヒ『中世ヨーロッパ都市と市民文化』魚住昌良・小倉欣一訳、創文社、一九七八年。井上泰男『西欧社会と市民の起源』近藤出版社、一九七六年。シモーヌ・ルー『中世パリの生活史』杉崎泰一郎監修、吉田春美訳、原書房、二〇〇四年。ヘントとブルゴーニュ公との葛藤については、前掲の河原温の論考を参照。

(4) 拙著『服飾の中世』勁草書房、一九九五年、六九頁。

(5) 歴代国王のドゥヴィーズやそれで飾った衣裳・調度品に関する記録などは、次の著作の « couleurs » および各国王名の項を参照。Auguste Jal, *Dictionnaire critique de biographie et d'histoire: errata et supplément pour tous les dictionnaires historiques d'après des documents authentiques inédits*, Henri Plon, Paris, 1872 (Slatkine Rep. 1970).

（6） Colette Beaune, « Costume et pouvoir en France à la fin du Moyen Age: les devises royales vers 1400 », *Revue des sciences humaines*, no. 183, 1981, p. 141.

（7） Anatole de Coëtlogon, *Histoire Générale de Paris, Les Armoiries de la ville de Paris: sceaux, emblèmes, couleurs, devises, livrées et cérémonies publiques*, 2 vols, Imprimerie Nationale, Paris, 1874-1875.

（8） Guenée & Lehoux, *Les Entrées royales françaises, Op. cit.*, p. 60.

（9） *Ibid.*, p. 70.

（10） Godefroy, *Le Cérémonial français, Op. cit.*, p. 665 sqq.

第Ⅷ章

（1） シシル『色彩の紋章』伊藤亜紀・徳井淑子訳・解説、悠書館、二〇〇九年、八三－八四頁。

（2）『結婚十五の歓び』新倉俊一訳、岩波書店（岩波文庫）、一九七九年、一二－一三頁。

（3） Alfred Franklin, *La Vie privée d'autrefois*, t. III, Plon, Paris, 1895, p. 67 sqq.; Adolphe Chéruel, *Dictionnaire historique des institutions, mœurs et coutumes de la France*, 2 vols., Hachette, Paris, 1865 (Mégariotis Rip. 1978), p. 274.

（4） Camille Couderc, « Les comptes d'un grand couturier parisien du XVe siècle », *Bulletin de la société de l'histoire de Paris et de l'Ile-de-France*, t. XXXVIII, 1911, pp. 118-188.

（5） Auguste Jal, *Dictionnaire critique de biographie et d'histoire: errata et supplément pour tous les dictionnaires historiques d'après des documents authentiques inédits*, Henri Plon, Paris, 1872 (Slatkine Rep. 1970), pp. 492-493.

（6） Olivier de La Marche, *Mémoires*, éd. H. Beaune et J.d'Arbaumont, 4 vols, S. H. F., Renauard,

Paris, 1883-1888, t. 2, liv. 1, ch. XXI.

（7）拙著『服飾の中世』勁草書房、一九九五年、一六四―一六五頁。

（8）Alice Planche, « Le gris de l'espoir », *Romania*, t. XCIV, 1973, pp. 289-302.

（9）前掲シシル『色彩の紋章』七五―七六頁。

（10）Françoise Piponnier, *Costume et vie sociale, la cour d'Anjou, XIVe-XVe siècle*, Mouton, Paris / La Haye, 1970 p. 73.

（11）第Ⅰ章注22参照。

（12）涙滴紋の紋章とその展開については、拙著『涙と眼の文化史――中世ヨーロッパの標章と恋愛思想』東信堂、二〇一二年を参照。

（13）Georges Chastellain, *Œuvres*, éd. Kervyn de Lettenhove, 8 vols, Bruxelles, 1863-1866 (Slatkine Rep. 1971), t. IV, p. 447.

（14）Anatole de Montaiglon, *Recueil de poésies françaises des XVe et XVIe*, t. V, P. Jannet, Paris, 1856, pp. 264-304.

（15）Charles d'Orléans, *Ballades et Rondeaux*, éd. J.-Cl. Mühlethaler, Lettres Gothiques, Librairie générale française, Paris, 1992, Rondel 119.

（16）Jane Ashelford, *Dress in the age of Elizabeth I*, Holmes & Meier, New York, 1988, p. 103.

（17）Françoise Piponnier et Perrine Mane, *Se vêtir au Moyen Age*, Adam Biro, Paris, 1995, p. 90; ミシェル・パストゥロー『青の歴史』松村恵理・松村剛訳、筑摩書房、二〇〇五年、八八―一〇六頁。

（18）前掲拙著『涙と眼の文化史』五七―六二頁を参照。

（19）以下メランコリーの概念と歴史的経緯については次を参照。レイモンド・クリバンスキー、アーウィン・パノフスキー、フリッツ・ザクスル『土星とメランコリー――自然哲学、宗教、芸術の歴史における研究』田中英道監訳、晶文社、一九九一年。黒川正剛『魔女とメランコリー』新評論、二〇一二年。谷川多佳子『メランコリーの文化史──古代ギリシアから現代精神医学へ』講談社、二〇二二年。

(20) 佐佐木茂美『シャルル・ドオルレアン　詩研究』カルチャー出版、一九七八年、一九四─二〇六頁。

(21) ルネサンスの「メランコリー」の表象については、入子文子『ホーソーン・《緋文字》・タペストリー』南雲堂、二〇〇四年、第Ⅰ章、第Ⅴ章およびその註を参照。

(22) カスティリオーネ『宮廷人』清水純一・岩倉具忠・天野恵訳註、東海大学出版会、一九八七年、二五三頁。

(23) 増田美子編『葬送儀礼と装いの比較文化史──装いの白と黒をめぐって』東京堂出版、二〇一五年、第一章第二節「日本の葬送儀礼と装い」。

(24) Lou Taylor, *Mourning Dress: A Costume and Social History* Routledge, New York, 2009, p. 252.

(25) ジョン・ハーヴェイ『黒の文化史』富岡由美訳、東洋書林、二〇一四年、七六─七八頁。

終　章

(1) フランソワーズ・ピポニエ「生活の白布・身体の白布──ブルゴーニュ地方の財産目録から」、徳井淑子編訳『中世衣生活誌──日常風景から想像世界まで』勁草書房、二〇〇〇年、一〇四頁。

(2) ミシェル・パストゥロー『青の歴史』松村恵理・松村剛訳、筑摩書房、二〇〇五年、六七─七七頁。

(3) *Bestiaires du Moyen Age*, présentés par G. Bianciotto, Stock, Paris, 1980, pp. 23, 28. なお動物誌というジャンルについてはつぎの邦訳を参照。伝ピエール・ド・ボーヴェ「動物誌」福本直之訳、『フランス中世文学名作選』白水社、二〇一三年。

(4) エミール・マール『ヨーロッパのキリスト教美術──12世紀から18世紀まで』上巻、柳宗玄・荒木成子訳、岩波書店（岩波文庫）、一九九五年、一八三─一九〇頁。同『ゴシックの図像学』上巻、田中仁

彦・池田健二・磯見辰典・細田直孝訳、国書刊行会、一九九八年、一六九―二一八頁。

（5）F・L・ガンスホーフ『封建制度』森岡敬一郎訳、慶應通信、一九六八年。

（6）Richard de Fournival, *Le bestiaire d'amour: suivi de la réponse de la dame*, éd. C. Hippeau, A. Aubry, Paris, 1860 (Slatkine Rep. 1969), p. 12; リシャール・ド・フルニヴァル『愛の動物誌』福本直之訳、『フランス中世文学名作選』白水社、二〇一三年、四七七頁。

（7）拙著『涙と眼の文化史――中世ヨーロッパの標章と恋愛思想』東信堂、二〇一二年、二〇四―二三六頁を参照。

（8）拙著『服飾の中世』勁草書房、一九九五年、三三頁。

あとがき

色にもいろいろありますが、色の研究もいろいろです。光の物理学から色覚の生理学や心理学まで、あるいは染色化学から染織史まで、おそらく色の研究ほど、さまざまな領域でおこなわれてきたものはないでしょう。昨今では商業行為における色彩の効用が重視されるばかりか、ＩＴ産業の展開のなかで画像の色彩処理が対象となるなど、産業と技術の工学的分野での研究も盛んです。ひとが色をどのように感じるのかという人間の視覚現象としての色の考察は、実はゲーテの『色彩論』（一八一〇年）以来の歴史をもっています。しかし、ある時代、ある地域の人びとが共通にもっている色の印象、すなわち文化の産物としての色彩感情の詮索は、意外にもはじまったばかりなのです。インテリアやファッションの流行色など、日常生活のなかの色とそのイメージについては少なからず話題になり、古代人やある民族に固有の色の呪術などについてもよく語られます。それにもかかわらず、いわゆる歴史学のなかで色がこれまで言及されてこなかったというのは、考えてみれば不思議な話です。本書は、そんな色のイメージを中世ヨーロッパの人びとの生活のなかに読み、同時に色のイメージを解きながら人びとの感情生活を知ろうとするものです。

ところで、中世ヨーロッパ文明を対象とした研究もまたいろいろな切り口でおこなわれてきました。本書がその成果を借りてきたように、文学・美術・染織・音楽・思想・宗教・社会制度・政治・商業・日常生活など、広範囲の厖大な調査の蓄積があります。このような研究のなかで、色に関するコメントは決して少なくないのですが、それぞれの文脈のなかで断片的に扱われるだけ、色彩が正面からとりあげられることはありませんでした。ステンドグラスや藍産業や紋章といった色彩文化は早くから知られていましたから、パストゥロー氏の登場を待たずにもっと早くに色彩研究が出てしかるべきでした。

ところで、色のコメントがいろいろな領域に現れるというのは、色が生活のあらゆる場面についてまわり、ゆえに折々の感情が色に反映されやすいというのが理由でしょうが、中世の色彩研究はほかの時代よりもやりやすいという事情があります。というのは、中世研究は領域を横断するテーマ研究がより展開してきた分野で、中世文明として総合的にとらえる視点、あるいは本書がテーマとしたような生活のものと感情に関わる調査がほかの時代にくらべ展開してきたからです。ホイジンガの『中世の秋』はその代表のような著作であり、筆者がシシルの『色彩の紋章』を知り、色による生活史という問題意識をもったのもこの書物によってです。

こういうわけで、本書は色彩研究と中世文明研究の交差するところに位置しています。筆者の調査はもともと文学や美術の服飾表象を通して色が担う意味を詮索するという作業にはじまりますが、色に託すその経緯のなかに人びとの感情生活をみるというのが最終の目的で、本書の意図もここにあります。色の意味を知ることに違いはないのですが、重心は色の意味論というより感情生活の方にあります。ただし本書ではシシルの著作をできるだけ紹介したいという気持ちもあって、中世人の色認識のことなどにも触れましたので、色彩論と色彩感情があいまったものになりました。シシルの著作は一六世紀まで翻訳と出版が重ねられ、その後のヨーロッパの色彩論の原点ともなった作品ですが、今日では残念ながらあまり知られていません。

はじまったばかりの中世の色彩研究ですが、それゆえにと言うべきでしょうか、本書が成るにあたっては、いろいろな領域の先人の論考を使わせていただきました。注および参考書誌に挙げました著者と訳者の方々に感謝しなければなりません。筆者が新前の教師の頃、シシルの著作を読むという大学院の演習をしたことがありますが、そのときのメンバーであり、イタリアの色彩論に詳しい国際基督教大学助教授の伊藤亜紀氏には今回もたいへんお世話になりました。ホイジンガと私たちしか知らないと思っていたシシルの著作が、博士論文のテーマとなって一九九八年に出ていたことを氏に教えられ、また『色彩の紋章』第一部の引用の訳出は氏の翻訳が参考にされています。一九世紀フランスの化学者ミシェル＝ウジェーヌ・シュヴルールの色彩調和論に影響を受けて創作活動をした女流画家ソニア・ドローネー（一八八五―一九七九年）について研究されている大学院生の朝倉三枝さんには、紛れてしまったかなり大部の大事な史料を、パリ市歴史図書館に何度も出向いてコピーを取る労をかけました。またミ・パルティを表した少なからぬ図像史料のリストをもっている大学院生の原口碧さんは、同様に留学先のパリから史料について教えてくださいました。

最後に、このようなカラー口絵付きの出版をお認めくださいました講談社にお礼を申し上げます。本書は基本的には一九九五年の拙著『服飾の中世』の第一部をもとにしていますが、その後、多少とも増えた筆者の知識を補い、このように色をテーマとしてまとめる機会を得たことは幸いでした。そして選書メチエの一冊に加えてくださいました選書出版部の所澤淳氏には特に感謝を申し上げねばなりません。ヨーロッパの色彩研究が展開しているにもかかわらず、進展の感じられない拙論の不足をいろいろ御指摘くださり、草稿にくらべればはるかに読みやすく充実したものとなりました。

徳井淑子

二〇〇六年　緑の五月を迎える頃

学術文庫版あとがき

本書はもともと『色で読む中世ヨーロッパ』というタイトルで講談社選書メチエの一冊として二〇〇六年に刊行された。このたび学術文庫におさめる機会を得て、資料に関しいくつか重要な修正をおこなったが、大筋として大きな変更はない。対象はフランスを中心とした一二世紀から一五世紀の中世ヨーロッパである。長い歴史に育まれた色のイメージが、日々の生活と自然環境のなかでどのように変容・拡大し、中世社会でどのようにメッセージの伝達機能をはたしたのかを述べている。それによって今日なおヨーロッパ文明の基底に残る色彩感情を掘り起こす試みであり、また中世末期を、わたしたち現代人の感覚に近い近代的な色彩感が生まれた時代として俯瞰する試みでもある。

一五世紀といえば、イタリアではすでにルネサンスの文化隆盛の時代を迎えているが、その兆候は色をめぐる人びとの感性の変化にも現れている。それを端的に示しているのが、多くの引用をした『色彩の紋章』である。一五世紀前半に著され、いかにも中世らしい伝統的な紋章指南書である第一部と、世紀末から次の世紀の初期に増補され、色の象徴論へと歩みを進めた第二部。そのような二部構成であるがゆえに、中世末期の人びとの色に対する態度の変化が手に取るようにわかる。

『色彩の紋章』について断っておきたいことがある。メチエ版では、色の意味を延々と綴ったこの一風変わった著作を紹介することをひとつの目的としていた。その甲斐があってその後、邦訳書を出版する機会に恵まれ（シシル『色彩の紋章』伊藤亜紀・徳井淑子訳・解説、悠書館、二〇〇九年）、したがって本書では細かな表記の違いを除き原則としては邦訳書からの引用に変更した。ただしこの邦訳書は、厳密に言うとメチエ版で引いた『色彩の紋章』の翻訳ではない。メチエ版で引用したのは、一八六〇年のイポリット・コシュリによる校訂本であった。一方、邦訳書は一五二八年に出版された書物を底本としている。つまり正確に言うとテキストが異なるのだが、ただコシュリの校訂本も、複数の版を参照しつつも基本的には同じ一五二八年版に依拠しているため、結果として大きな異同はない。

これも大きな修正ではないが、第Ⅷ章を多少とも補ったことに触れておきたい。メチエ版執筆の際、もっとも材料に窮したのが黒についてであった。突如として現れた黒いモードが、どのようにヨーロッパを席巻したのか、その実態をいくぶんとも述べることはできたが、それを支えた思想を十分に語ることはできなかった。黒という色の価値の反転にメランコリーの観念の変化が呼応していることは理解できたが、黒を想起させるメランコリーの観念を抜きにしてはヨーロッパの黒は語れないことに気がつかなかった。

もともと古代ギリシアの医学で黒い胆汁を指し、鬱を引き起こす原因とされたメランコリーは、病理学や自然哲学から神学まで広範囲で議論され、またアラビア医学に引き継がれた後にヨーロッパ中世に環流するという壮大な学問の歴史を紡いでいた。そんなメランコリーの観念が、流行色という日常的な事象にただちに影響を与えたというのではないが、「メランコリー」ということばに憂愁感という感傷的で情緒的な概念をもたせた中世末期の感性こそが、黒を流行させた要因である。一九世紀のロマン主義の憂愁感を思わせるような繊細な感受性は、微妙な色調の差異をことばを尽くして語る『色彩の紋章』第二部の、色への新しい態度と響き合う。

今回の文庫化におけるもっとも大きな修正は、図版や書誌の情報を改めて検証し、更新したことである。メチエ版刊行後に出版された関係図書は本文の注、および巻末の参考書誌に補ってある。図版の追加、差し替え、削除については数点にとどまったが、キャプションはより詳細に、新知見により更新している。

メチエ版を刊行してから一七年を経たにすぎないが、情報収集のためのネット環境には隔世の感がある。とりあげた図版の多くは写本の挿絵であり、それらは先行の書に紹介されていたからこそ筆者も知り得たものだが、とはいえ広く知られているものではなかった。しかし今や本書で引用した図版はほぼ所蔵図書館のサイトで確認ができるほど、写本はネット上に公開されている。

筆者がまだ学生の頃、はじめて訪れたフランス国立図書館写本室で、司書が「シャルル五世のお宝でした」と言いながらビロードの布に包んで写本を運んできたことがあった。ちなみにフランス国立図書館は、一四世紀半ばのシャルル五世の図書室を起源としている。後ろの席では古い写本に興奮し、文字通り口角泡を飛ばす二人が、書物を汚さないようにと司書に注意されていた。メチエ版の刊行よりさらに昔の話だが、学生の閲覧者にも貴重本を出してくれる時代だった。やがて綺麗な挿絵のある写本はマイクロフィルム化され、現物の閲覧は難しくなった。マイクロフィッシュ化され、デジタル化され、そしてネット上に公開され便利になったが、現物は見られなくなった。

自宅にいながら美しい写本を閲覧できるのは、挿絵をできるだけ参照したい本書のような関心には嬉しい環境だが、ただしそれゆえの注意が必要である。文庫化にあたり一点の口絵を削除したが、それはかつて筆者が図書館から取り寄せた画像とネット上に公開された画像とではあまりに色味が違ったからである。第Ⅲ章の、青かすみれ色かで揺れるフランス王家の紋章について、そのすみれ色の例証としてメチエ版には引いたのだが、ネット上では薄い青であった。写本の実物を確認できなかったため、本書では取り下げた。もとより六〇〇年以上を経て、挿絵には変色もあろうし、青かすみれ色かという問題に結論が出るわけでもない。本書がたびたび注意喚起している色名と色のニュアンスの齟齬の問題であり、どのような媒体であれ色調には慎重に当たらねばならないことを痛感している。

そしてもうひとつ、美術館の情報公開による重要な修正がある。第Ⅱ章で引用したウィーン美術史美術館所蔵のシチリア王ルッジェーロ二世の戴冠式マントである。一二世紀前半の制作とされるこの深紅のマントはパープル染めとして伝わってきたが、美術館サイト内の解説によればケルメス染めである。パープル染めもまだ僅かながらおこなわれ、一方でケルメス染めが盛んになっていく狭間のときである。パープル染めであるなら、史上最後の見事な作品となり、ケルメス染めであるなら、きわめて早い事例として特筆すべきものになる。

イタリア・ルネサンスの色彩象徴論を専門とされる国際基督教大学教授、伊藤亜紀氏は、このたびも惜しみなく資料を提供くださり、また筆者の古い知見を修正すべく助言くださった。氏に深く感謝申し上げる。講談社選書メチエとしての出版が『色彩の紋章』の邦訳につながり、さらにその後の黒の服飾史や涙滴紋の文化史に関する書につながったことは幸いであった。そして、このたびの文庫化でもっとも充実したのは、上述のとおり図版と書誌に関する情報であり、これはひとえに講談社の岡林彩子氏のご尽力による。筆者に代わり丁寧に検証くださり、新知見をより正確に反映させるべくさまざまな情報を寄せてくださった。氏に厚くお礼を申し上げる。

二〇二三年七月

徳井淑子

1987年。

ホイジンガ『中世の秋』全2巻、堀越孝一訳、中央公論社（中公文庫）、1976年。

堀越孝一『日記のなかのパリ――パンと葡萄酒の中世』ティビーエス・ブリタニカ（サントリー博物館文庫）、1985年。

堀越宏一・甚野尚志編『15のテーマで学ぶ中世ヨーロッパ史』ミネルヴァ書房、2013年。

増田美子編『葬送儀礼と装いの比較文化史――装いの白と黒をめぐって』東京堂出版、2015年。

メレ、エセル『植物染色』寺村祐子訳著、慶應義塾大学出版会、2004年。

森洋子「青いマント――ブリューゲルの諺の世界」、『女子大通信』第491号、日本女子大学、1989年、2-45頁。

リバール、ジャック『中世の象徴と文学』原野昇訳、青山社、2000年。

ルー、シモーヌ『中世パリの生活史』杉崎泰一郎監修、吉田春美訳、原書房、2004年。

巻第1号、2003年、103-114頁。

黒瀬保編『中世ヨーロッパ写本における運命の女神図像集』三省堂、1977年。

小林康夫『青の美術史』平凡社（平凡社ライブラリー）、2003年。

坂井妙子『ウエディングドレスはなぜ白いのか』勁草書房、1997年。

城一夫・徳井淑子・山田欣吾・池上公平・上坂信男・柏木希介『色彩の歴史と文化』明現社、1996年。

甚野尚志・堀越宏一編『中世ヨーロッパを生きる』東京大学出版会、2004年。

杉本秀太郎「金髪と黒髪――フランスの色と日本の色」、『日本の色』大岡信編、朝日新聞社（朝日選書）、1979年。

高橋裕子『世紀末の赤毛連盟――象徴としての髪』岩波書店、1996年。

徳井淑子『服飾の中世』勁草書房、1995年。

――『図説ヨーロッパ服飾史』河出書房新社、2010年。

――『涙と眼の文化史――中世ヨーロッパの標章と恋愛思想』東信堂、2012年。

――『黒の服飾史』河出書房新社、2019年。

徳井淑子編訳『中世衣生活誌――日常風景から想像世界まで』勁草書房、2000年。

中村美幸『フランス中世の衣生活とひとびと――新しい社会経済史の試み』山川出版社、2000年。

日本色彩学会編『色彩用語事典』東京大学出版会、2003年。

ハーヴェイ、ジョン『黒服』太田良子訳、研究社出版、1997年。

――『黒の文化史』富岡由美訳、東洋書林、2014年。

ハスキンズ、チャールズ・ホーマー『十二世紀のルネサンス――ヨーロッパの目覚め』別宮貞徳・朝倉文市訳、講談社（講談社学術文庫）、2017年。

ピセツキー、ロジータ・レーヴィ『モードのイタリア史――流行・社会・文化』池田孝江監修、森田義之ほか訳、平凡社、

Routledge, New York, 2009.

Wolff, Philippe, *Commerces et marchands de Toulouse* (*vers 1350-vers 1450*), Plon, Paris, 1954.

阿部謹也「黄色いマーク」、『中世の星の下で』筑摩書房（ちくま学芸文庫）、2010年。

池上俊一・河原温編『ヨーロッパの中世』全8巻、岩波書店、2008-2010年。

伊藤亜紀『色彩の回廊——ルネサンス文芸における服飾表象について』ありな書房、2002年。

——「青い〈嫉妬〉——『イコノロジーア』と15-16世紀の色彩象徴論」、『美学』第219号、2004年、1-13頁。

——「青を着る「わたし」——「作家」クリスティーヌ・ド・ピザンの服飾による自己表現」、『西洋中世研究』第2号、2010年、50-61頁。

——『青を着る人びと』東信堂、2016年。

ヴァリション、アンヌ『色　世界の染料・顔料・画材——民族と色の文化史』河村真紀子・木村高子訳、マール社、2009年。

エーコ、ウンベルト『薔薇の名前』全2巻、河島英昭訳、東京創元社、1990年。

梶原新三「幻の天然染料〈ケルメス〉探究紀行」全3回、『染織α』1992年12月号、1993年2月号、3月号。

ガクソット、ピエール『フランス人の歴史』第1巻、林田遼右・下野義朗訳、みすず書房、1972年。

カルドン、ドミニク「地中海の高貴な天然染料——貝紫・ケルメス・ウォード」全4回、佐々木紀子訳、『染織α』2001年1月号、3月号、5月号、7月号。

グリーンフィールド、エイミー・B『完璧な赤——「欲望の色」をめぐる帝国と密偵と大航海の物語』佐藤桂訳、早川書房、2006年。

黒川祐子「スイス衛兵のコスチューム」、『服飾文化学会誌』第4

エル・パストゥロー『赤の歴史文化図鑑』蔵持不三也・城谷民世訳、原書房、2018年)

——, *Jaune, histoire d'une couleur*, Seuil, Paris, 2019.

Piponnier, Françoise, *Costume et vie sociale, la cour d'Anjou, XIV*[e]*-XV*[e] *siècle*, Mouton, Paris / La Haye, 1970.

——, « La consommation des draps de laine dans quelques milieux français à la fin du Moyen Age », *Produzione, commercio e consumo dei panni di lana*, a cura di Marco Spallanzani, Leo S. Olschki Editore, Firenze, 1976, pp. 423-434.

——, « Matières premières du costume et groupes sociaux, Bourgogne XIVe-XVe siècles », *Inventaires après-décès et ventes de meubles: apports à une histoire de la vie économique et quotidienne* (*XIV*[e]*-XIX*[e] *siècle*), Academia, Louvain-la-Neuve, 1988, pp. 271-290.

——, « Etoffes de ville et étoffes de cour », *La ville et la cour: des bonnes et des mauvaises manières*, sous la dir. D. Romagnoli, Fayard, Paris, 1995, pp. 161-183.(フランソワーズ・ピポニエ「生活の白布・身体の白布——ブルゴーニュ地方の財産目録から」、徳井淑子編訳『中世衣生活誌——日常風景から想像世界まで』勁草書房、2000年、94-121頁)

Piponnier, Françoise et Perrine Mane, *Se vêtir au Moyen Age*, Adam Biro, Paris, 1995.

Planche, Alice, « Le gris de l'espoir », *Romania*, t. XCIV, 1973, pp. 289-302.

Pleij, Herman, *Colors Demonic & Divine: Shades of Meaning in the Middle Ages and after*, tr. D. Webb, Columbia University Press, New York, 2004.

Robert, Ulysse, *Les Signes d'infamie au Moyen Age*, H. Champion, Paris, 1891.

Taylor, Lou, *Mourning Dress: A Costume and Social History*,

Recloses, 27 mai 1989, éd. D. Alexandre-Bidon, Cerf, Paris, 1990, pp. 43-56.

——, *L'etoffe du diable: une histoire des rayures et des tissus rayés*, Seuil, Paris, 1992.（ミシェル・パストゥロー『縞模様の歴史――悪魔の布』松村剛・松村恵理訳、白水社（白水*U*ブックス）、2004年）

——, *Dictionnaire des couleurs de notre temps: symbolique et société*, Bonneton, Paris, 1992.（ミシェル・パストゥロー『ヨーロッパの色彩』石井直志・野崎三郎訳、パピルス、1995年）

——, « Morales de la couleur: le chromoclasme de la Réforme », *La Couleur: regards croisés sur la couleur du Moyen-Âge au XXe siècle, Cahiers du Léopard d'or*, no. 4, Paris, 1994, pp. 27-46.

——, *Rayures: une histoire des rayures et des tissus rayés*, Seuil, Paris, 1995.

——, *Figures de l'héraldique*, Gallimard, Paris, 1996.（ミシェル・パストゥロー『紋章の歴史――ヨーロッパの色とかたち』松村剛監修、松村恵理訳、創元社、1997年）

——, *Jésus chez le teinturier: couleurs et teintures dans l'Occident médiéval*, Le Léopard d'or, Paris, 1997.

——, *Bleu, histoire d'une couleur,* Seuil, Paris, 2000.（ミシェル・パストゥロー『青の歴史』松村恵理・松村剛訳、筑摩書房、2005年）

——, *Une histoire symbolique du Moyen Age occidental*, Seuil, Paris, 2004.（ミシェル・パストゥロー『ヨーロッパ中世象徴史』篠田勝英訳、白水社、2008年）

——, *Noir, histoire d'une couleur*, Seuil, Paris, 2008.

——, *Symboles du Moyen Age: animaux, végétaux, couleurs, objets*, Le Léopard d'or, Paris, 2012.

——, *Vert, histoire d'une couleur*, Seuil, Paris, 2013.

——, *Rouge, histoire d'une couleur*, Seuil, Paris, 2016.（ミシ

女子大学文芸学部紀要』第40集、1994年、43-59頁。

Nelson, Elizabeth, *Le Blason des couleurs: a treatise on color theory and symbolism in northern Europe during the early Renaissance*, Ph. D. Thesis, Brown University, UMI, Ann Arbor, Mich., 1998.

Ott, André G., *Etude sur les couleurs en vieux français*, Emile Bouillon, Paris, 1899 (Slatkine Rep. 1977).

Pastoureau, Michel, « Vogue et perception des couleurs dans l'Occident médiéval: le témoignage des armoiries », *Etudes sur la sensibilité au Moyen Age* (Actes du 102e congrès national des sociétés savantes, Limoges, 1977), Bibliothèque Nationale, Paris, 1979, pp. 81-102.

——, *L'Hermine et le Sinople: études d'héraldique médiévale*, Le Léopard d'or, Paris, 1982.

——, « Formes et couleurs du désordre: le jaune avec le vert », *Médiévales*, t. 4, 1983, pp. 62-73.

——, *Figures et couleurs*, Le Léopard d'or, Paris, 1986.

——, « Les couleurs aussi ont une histoire », *L'Histoire*, no. 92, 1986 , pp. 46-53.

——, « Du bleu au noir: éthiques et pratiques de la couleur à la fin du Moyen Age », *Médiévales*, t. 14, 1988, pp. 9-21.（ミシェル・パストゥロー「青から黒へ――中世末期の色彩倫理と染色」、『中世衣生活誌――日常風景から想像世界まで』徳井淑子編訳、勁草書房、2000年、124-142頁）

——, *Couleurs, images, symboles: études d'histoire et d'anthropologie,* Le Léopard d'or, Paris, 1989.

——, « L'Eglise et la couleur des origines à la Réforme », *Bibliothèque de l'Ecole des Chartes*, t. 147, 1989, pp. 203-230.

——, « Ceci est mon sang, Le christianisme médiéval et la couleur rouge », *Le pressoir mystique: actes du colloque de*

訳、人文書院、1994年。

『フランス中世文学集』全4巻、新倉俊一・神沢栄三・天沢退二郎訳、白水社、1990-1996年。

『フランス中世文学名作選』松原秀一・天沢退二郎・原野昇編訳・篠田勝英・鈴木覺・瀬戸直彦・福本直之・細川哲士・横山安由美訳、白水社、2013年。

マリー・ド・フランス『十二の恋の物語――マリー・ド・フランスのレー』月村辰雄訳、岩波書店（岩波文庫）、1988年。

著書・論文

Ashelford, Jane, *Dress in the age of Elizabeth I*, Holmes & Meier, New York, 1988.

Beaune, Colette, « Costume et pouvoir en France à la fin du Moyen Age: les devises royales vers 1400 », *Revue des sciences humaines*, no. 183, 1981, pp. 125-146.

Cardon, Dominique, *La Draperie au moyen âge: essor d'une grande industrie européenne*, C. N. R. S., Paris, 1999.

——, *Le monde des teintures naturelles*, Belin, Paris, 2003.

Closson, Monique, Perrine Mane, et Françoise Piponnier, « Le costume paysan au Moyen Age: sources et méthodes », *L'Ethnographie*, 1984, pp. 291-308.

Couleur, travail et société du Moyen Age à nos jours, Archives départementales du Nord / Centre des archives du monde du travail, Somogy édition d'art, Paris, 2004.

Haulotte, Edgar, *Symbolique du vêtement selon la Bible*, Aubier, Paris, 1966.

Les Couleurs au Moyen Age, *Senefiance*, no. 24, C. U. E. R. M. A., Université de Provence, Aix-en-Provence, 1988.

« L'Etoffe et le vêtement », *Médiévales*, t. 29, 1995.

Magne, Janick, « La waide de Picardie, une petite histoire de la guède, ou pastel des teinturiers (Isatis tinctoria) »,『共立

lettres, les arts et l'industrie pendant le XVe siécle, 3 vols, Plon frères, Paris, 1849-1852.

La Marche, Olivier de, *Mémoires*, éd. H. Beaune et J. d'Arbaumont, 4 vols, S. H. F., Renauard, Paris, 1883-1888.

Petit, Ernest, *Itinéraires de Philippe le Hardi et de Jean sans peur, ducs de Bourgogne* (*1363-1419*), *d'après les comptes de dépenses de leur hôtel*, Collection de documents inédits sur l'histoire de France, 1er partie, histoire politiques, Impr. nationale, Paris, 1888.

Prost, Bernard et Henri, *Inventaires mobiliers et extraits des comptes des ducs de Bourgogne de la Maison de Valois, (1363-1477)*, 2 vols, E. Leroux, Paris, 1902-1913.

Richard, Jules-Marie, *Une Petite-nièce de Saint Louis, Mahaut, Comtesse d'Artois et de Bourgogne, 1302-1329*, Champion, Paris, 1887.

Sicille, *Blason des couleurs,* éd. H. Cocheris, Auguste Aubry, Paris, 1860.

アンドレーアース・カペルラーヌス『宮廷風恋愛について――ヨーロッパ中世の恋愛術指南の書』瀬谷幸男訳、南雲堂、1997年。

『狐物語』鈴木覺・福本直之・原野昇訳、白水社、1994年。

ギヨーム・ド・ロリス、ジャン・ド・マン『薔薇物語』全2巻、篠田勝英訳、筑摩書房（ちくま文庫)、2007年。

クリスティーヌ・ド・ピザン『詩人クリスティーヌ・ド・ピザン』沓掛良彦・横山安由美編訳、思潮社、2018年。

『結婚十五の歓び』新倉俊一訳、岩波書店（岩波文庫)、1979年。

『サー・ガウェインと緑の騎士――「ガウェイン」詩人』池上忠弘訳、専修大学出版局、2009年。

シシル『色彩の紋章』伊藤亜紀・徳井淑子訳・解説、悠書館、2009年。

『聖杯の探索――作者不詳・中世フランス語散文物語』天沢退二郎

参考書誌

主な史料

Arnaud d'Agnel, Gustave, *Les comptes du roi René*, 3 vols, A. Picard, Paris, 1908-1910.

Barroux, Marius, *Les fêtes royales de Saint-Denis en Mai 1389*, Les amis de Saint-Denis, Paris, 1936.

Champollion-Figeac, Aimé, *Louis et Charles, ducs d'Orléans*, 2 vols, Comptoir des imprimeurs unis, Paris, 1844 (Slatkine Rep. 1980).

Chastellain, Georges, *Œuvres*, éd. Kervyn de Lettenhove, 8 vols, Bruxelles, 1863-1866 (Slatkine Rep. 1971).

Couderc, Camille, « Les comptes d'un grand couturier parisien du XVe siècle », *Bulletin de la société de l'histoire de Paris et de l'Ile-de-France*, t. XXXVIII, 1911, pp. 118-188.

Douët-D'Arcq, Louis, *Comptes de l'argenterie des rois de France au XIVe siècle*, Renouard, Paris, 1851.

——, *Nouveau recueil de comptes de l'argenterie des rois de France au XIVe siècle*, Renouard, Paris, 1874.

Graves, F. M., *Deux inventaires de la maison d'Orléans (1389 et 1408)*, Champion, Paris, 1926.

Guenée, Bernard & Françoise Lehoux, *Les Entrées royales françaises de 1328 à 1515*, C. N. R. S., Paris, 1968.

Guiffrey, Jules, *Inventaires de Jean, duc de Berry (1401-1416)*, Ernest Leroux, Paris, 1894-1896.

Labarte, Jules, *Inventaire du mobilier de Charles V*, Collection de documents inédits sur l'histoire de France, 3e série, archéologie, Imprimerie nationale, Paris, 1879.

Laborde, Léon de, *Les ducs de Bourgogne: étude sur les*

KODANSHA

本書の原本は二〇〇六年に講談社選書メチエ『色で読む中世ヨーロッパ』として小社から刊行されました。